丁香园推荐

Meta

分析软件应用与实例解析

● 主 编 郑明华

● 编 者 （按姓氏拼音排序）

施可庆 温州医科大学附属第一医院

张天嵩 上海市静安区中心医院

赵 磊 宁波市江东区疾病预防控制中心

郑明华 温州医科大学附属第一医院

人民卫生出版社

图书在版编目（CIP）数据

Meta 分析软件应用与实例解析 / 郑明华主编. —北京：人民卫生出版社，2013.5
ISBN 978-7-117-17167-0

Ⅰ. ①M…　Ⅱ. ①郑…　Ⅲ. ①统计分析－应用软件
Ⅳ. ①C819

中国版本图书馆 CIP 数据核字（2013）第 061377 号

人卫智网　www.ipmph.com	医学教育、学术、考试、健康，购书智慧智能综合服务平台	
人卫官网　www.pmph.com	人卫官方资讯发布平台	

Meta 分析软件应用与实例解析

主　　编：郑明华
出版发行：人民卫生出版社（中继线 010-59780011）
地　　址：北京市朝阳区潘家园南里 19 号
邮　　编：100021
E - m a i l：pmph @ pmph.com
购书热线：010-59787592　010-59787584　010-65264830
印　　刷：北京铭成印刷有限公司
经　　销：新华书店
开　　本：787×1092　1/16　印张：11　插页：1
字　　数：268 千字
版　　次：2013 年 5 月第 1 版　2024 年 6 月第 1 版第 16 次印刷
标准书号：ISBN 978-7-117-17167-0
定　　价：33.00 元

打击盗版举报电话：010-59787491　E-mail：WQ @ pmph.com
质量问题联系电话：010-59787234　E-mail：zhiliang @ pmph.com

随着循证医学研究的兴起并逐步走向临床，越来越多的临床工作者开始运用循证医学的观点去获取最佳证据并服务于患者。meta 分析作为循证医学研究的重要工具，目前其主要的分析手段在国内尚未得到广泛普及。很多临床研究者虽有不错的临床猜想，也掌握了 meta 分析的理论知识，却苦于没有相关书籍介绍实践操作与应用，无法得出相应的临床证据。本书旨在帮助相关研究者解决这方面的实际问题与困惑。

2010 年 5 月，我很荣幸在中国协和医科大学出版社的大力支持与众多丁香园资深朋友的协助下出版了《赢在论文·术篇》一书。该书立足实践，以具体实例为导向，对实例进行深入剖析，形象生动地把论文写作的相关过程进行了讲解。该书从出版至今，获得读者的广泛好评，并在市场上热销。但遗憾的是，当时因版面有限，meta 分析的细节性内容并未包括在全书中。

目前图书市场上与循证医学有关的参考书更多的是偏重于理论的讲解，但涉及具体操作步骤相关的内容则基本缺如。本书将贯彻"教了就会用"的原则，每个知识点用 3～4 张图片把软件应用过程中遇到的核心问题与难点展示给读者，"手把手"式教会读者使用。本书不追求无关细节的演示。本书内容具有实用性，贴近前沿进展，指导意义重大，非常值得有志于循证医学研究的科研人员与临床工作者阅读。

本书邀请了张天嵩、赵磊等几位丁香园循证医学版资深好友，共同编写本书的相关内容。本书在编写过程中曾得到各位同仁、专家们的大力协助与指导，在此深表谢意！特别感谢温州医科大学附属第一医院肝病研究中心主任、温州医科大学肝病研究所所长陈永平教授在百忙中给予的指导和审校，使本书更臻完善。衷心感谢"丁香园"医学论坛（www.dxy.cn）李天天站长、周树忠博士等众多朋友的大力支持，还要特别感谢温州医科大学附属第一医院与温州医科大学领导给予的大力支持与鼓励！

本书的编写由于时间短、作者水平所限，谬误之处在所难免，敬请广大读者予以批评指正。

郑明华

2013 年 4 月

目　录

第三篇　特殊研究的 meta 分析

第一节　meta 分析概述

一、meta 分析的概念

随着科学技术的不断发展和互联网的普及,全世界的医学期刊每年大约刊登 200 万学术论文。临床医生和研究人员由于时间和资源有限不能全面及时掌握医学信息。因此,对原始文献的结果进行综合分析的需求应运而生。

meta 分析是对具有相同研究目的的多个独立研究结果进行系统分析、定量综合的一种研究方法。该方法源于 Fisher 1920 年"合并 P 值"的思想,1976 年,心理学家 Glass 进一步将之发展为"合并统计量",并首次将这类分析命名为"meta-analysis",国内也称"荟萃分析"。经过多年发展,meta 分析已经成为循证医学对文献资料进行系统综述的基本统计方法,广泛应用于医学研究的各个领域,包括病因研究、临床试验、诊断、治疗和预后研究等等。

二、meta 分析的目的

meta 分析的目的主要有以下几方面:

1. 增加统计学检验效能　有时候单个研究结果没有统计学意义可能是样本量偏小,检验效能偏低所致。通过对同一研究目的的多个小样本的综合,可扩大样本含量,提高检验效能。

2. 定量估计研究效应　对有争议甚至矛盾的同类研究进行 meta 分析可以得出较为明确的结论,对效应的估计更精确。

3. 发现既往研究的不足之处,提出新的研究方向或临床决策指导 meta 分析对文献质量严格把关,能够发现过去研究中存在的不足之处。且 meta 分析的结论全面、量化、可靠性好,可为制定下一步研究方向或临床决策提供科学依据。

三、meta 分析与叙述性文献综述的区别

meta 分析和叙述性文献综述均是对医学研究文献的分析和总结,但是两者在研究目的、文献的检索和收集、结果的推断等方面存在差别。

1. 研究目的　meta 分析集中研究某一具体问题,具有相当的深度。正确进行 meta 分析,可以指导临床实践、医疗决策和今后的研究导向。而叙述性文献综述的目的既可以是了解某一疾病的全貌,也可以仅涉及某一方面的问题,了解该专题的概况或最近进展。

2. 文献的检索和收集 在检索文献时,全面、系统地收集所有相关的文献资料是 meta 分

析与叙述性文献综述的重要区别之一。对于纳入 meta 分析的文献有严格的选择标准和质量评价。相比之下,叙述性文献综合在选择文献方面要宽泛的多(对研究间的异质性不做分析),若追溯的年代较长,一篇文献中可以包括同一疾病的不同研究方法、不同的诊断标准或诊断指标。

3．结果的推断　对原始文献提供的数据进行“再处理”也是 meta 分析与叙述性文献综述的重要区别。meta 分析通过合并研究增加样本含量,获得的结果较客观,结果具有可重复性。而叙述性文献综述的结果是定性描述,不同的研究者由于主观倾向可能得出不同的结论,结果具有不确定性,而且时效性短。

4．发表形式　在期刊中 meta 分析多数是以论著形式发表,而叙述性文献综述是以综述形式发表。

第二节　方法与步骤

一、选题

什么样的题材适合作 meta 分析?选题是 meta 分析重要环节之一,从一定程度上来说,选题直接决定了该 meta 分析的价值。meta 分析十分适用于针对同一主题的 RCT(临床随机化对照试验)的综合分析,因为这类试验严格遵循随机化原则,处理组和对照组之间可比性好,综合分析的结果较为可靠,所以针对 RCT 的 meta 分析也是最常见的。近年来,meta 分析也广泛应用于非试验研究上,如病例对照研究和队列研究,这些研究结果往往不一致,但是暴露因素可能的健康影响效应具有重要的卫生学意义,需要对这类结果进行综合分析。总之,一个好的选题应立足于专业实际并具有一定的指导价值。

二、文献检索

由于 meta 分析是对某一主题已有的研究进行综合分析,所以尽可能全面、系统地收集相关文献是进行文献检索的基本原则。

(一)文献检索策略

1．常用的检索词　主题词和关键词。关键词在计算机检索系统中得到广泛应用,最大的优点是词语可以直接取自最新文献,但是不对文献的实质内容作分析,与主题词相比,检索的准确性要差一些。

2．文献检索方式　用数据库和网上资源检索筛选文献信息,再辅以手工检索是 meta 分析收集文献的优效方法。

3．检索范围　各种电子数据库、期刊、会议论文以及未发表资料等等。另外,论文和文献综述后面的相关参考文献也包括在内。语种和发表年代也需要确定。

(二)文献检索步骤

由两个检索人员根据检索策略独立检索相关文献,如遇不一致讨论解决。

文献检索步骤流程图:

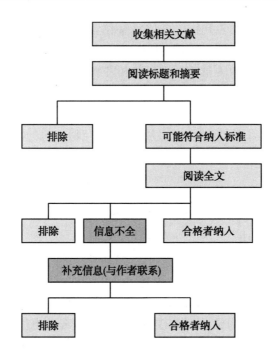

三、文献纳入与排除

在正式选择文献前需要制定合格文献的纳入与排除标准,采用的标准需根据研究目的和专业意义来确定。制定纳入和排除标准主要考虑的因素如下:

1. 研究设计的类型　如收集 RCT 报告,非 RCT 就要排除。

2. 文献发表的年限和使用语言。

3. 样本量和随访期限　可以对样本量小的研究做出限制,避免其影响综合分析的结果;随访期的长短与结局效应有关,应根据具体情况对其进行限制。

4. 结局测量指标　各个文献的指标应相同。

5. 重复发表　剔除针对同一研究人群发表的多个文献,只选其中质量最好的或样本量最大的。

6. 信息的完整性　需要评估信息的完整性,尽量不要漏掉对结果有重要影响的文献。

但是对入选文献限制的越多,文献纳入偏倚可能越大,需要权衡利弊得失。我们总的原则是纳入分析的文献形成的样本对研究群具有代表性,同时又能控制一些偏倚对结果的影响。

四、文献质量评价

用于评价文献质量的方法很多,大多是针对某一特定研究类型而设计。如目前用于临床试验文献质量评价的量表不少于 25 种,其中 Consort 声明、Jadad 标准、Delphi 清单和 Chalmers 量表应用较多。观察性研究的文献质量评估,目前尚没有能被广泛接受的方法。

五、数据及相关信息提取

在数据及相关信息提取前制定收集信息的信息表,主要内容包括:

1. 文献的基本信息　如发表刊物、文献名称、作者名称、发表年代等。

2. 研究的类型和方法学特征　如观察性研究还是试验性研究。

3. 研究对象特征　如研究人群的性别年龄和种族等基本特征，患者的诊断标准及对照的选择标准等等。

4. 干预措施和结局测量指标。

5. meta 分析的效应指标　有的可以直接从文献中获取，有的需要经过对文献中的数据进行计算后获得。

6. 样本含量等。

六、异质性分析

（一）异质性产生的原因

总的来说分为方法学上的异质性和生物效应间的异质性。方法学异质性是指同一主题研究方法不同，选择的对照不同或收集资料的方法不同造成的。（例如有研究在×××基因在×××疾病的种系突变情况的 meta 分析中收集的文献中基因突变的检测方法就有 3 种，直接测序、变性梯度凝胶电泳法（DGGE）聚丙烯酰胺凝胶电泳法。）生物学效应异质性是由于研究人群的特征不同造成的，如年龄、性别和种族等。（例如研究×××基因多态性与×××疾病的关联性 meta 分析，一般要按种族分层分析。）

（二）异质性检验

有多种统计学方法可检测研究间的异质性，如 Cochrane Q 检验，计算 I^2 值；也可以使用直观的图示方法检测异质性，如 L'AbbéPlot。

（三）异质性分析方法

若发现异质性，如当 $I^2 \geqslant 50\%$ 时不宜行 meta 分析，此时最常用的方法为描述性系统评价或使用亚组分析或 meta 回归等探讨异质性来源。

1. 亚组分层分析　分层因素可按方法学或生物学特征进行。如按人群的种族分或按指标的测量方法分。但是不宜过多分层。

2. meta 回归　若影响因素多，不宜用分层方法时，可采用 Greenland 在 1987 年根据回归分析的基本思路提出的 meta 回归方法。

对于同质性较好的研究宜采用固定效应模型分析；对存在较明显异质性的研究，应使用随机效应模型合并。但是事实上无论存不存在异质性，现在都趋向采用随机效应模型，因为随机效应模型计算所得可信区间较固定效应模型为大，结果更为"保守"。

七、效应量选择

研究中常用的效应量指标包括：

1. 连续型变量资料有 *WMD*（加权均数，weighted mean difference）和 *SMD*（标准化均差 standardized mean difference）。

2. 二分类资料的效应值指标有相对危险度（relative risk，*RR*）、比值比（odds ratio，*OR*）、危险度差值（risk difference，*RD*）。

3. 若为等级资料或多分类资料，由于受方法学限制，数据需要转化成上述两种类型。

4. 生存资料的效应指标是危险比（hazard ratio，*HR*）有时候也可当作二分类变量处理，

采用 RR、OR 或 RD。

八、发表偏倚分析

发表偏倚是 meta 分析最常见的系统误差。由于阳性结果比阴性结果更容易发表，形成了为数不少的"抽屉文件"，根据发表文献所做的综合分析有可能歪曲了真实效应。据调查统计，临床试验报告阳性结果的发表率约为 77%，而阴性结果发表率仅为 42%。因此，在 meta 分析中必须对发表偏倚进行讨论。

（一）如何发现发表偏倚

1. 漏斗图（funnel plots）　是从直观上识别发表偏倚的方法。漏斗图的横坐标为原研究的效应量，若为连续性变量可直接用原始测量值，若为关联性指标可用自然对数转换后的值。纵坐标为原研究的样本量，或标准误或精确度（标准误的倒数）。样本量越小，分布越分散；样本量大，分布越集中。若没有偏倚，呈对称的漏斗状。相反，图形不对称有偏向，表示存在偏倚。

2. 线性回归法和秩相关法　常用的有 Egger 法和 Begg 法，实质上是用统计学方法对漏斗图的对称性进行检验，有研究认为当纳入研究数较少或发表偏倚较小时，Egger 较 Begg 更敏感。

3. Rosenthal 抽屉文献法　又称失安全系数。其原理是计算最少需要多少个未发表的阴性研究才能使 meta 分析的阳性结论逆转。因此，失安全系数越大，说明发表偏倚越小，meta 分析结果越稳定。

4. 剪补法（Duval and Tweedie trim and fill method）　其基本思想是在漏斗图不对称的基础上，剪去不对称部分，然后沿中心两侧粘补上被剪切部分及相应的遗漏部分，最后基于剪补后的漏斗图进行效应量合并；观察剪补前后效应量的改变，从而估计发表偏倚对 meta 分析结果的影响。

（二）发表偏倚的控制

由于发表偏倚发生在研究设计和资料收集阶段，因此在设计阶段制定合理的纳入和排除标准；在资料收集阶段尽量全面系统地收集文献，包括发表、未发表和信息不全的，以控制发表偏倚。

第一篇 常见数据的meta分析

> 目前可用于meta分析的统计学软件有十几种之多，很多人会问及meta分析选择哪个软件是最好的。其实各个软件都有自己的长处和缺陷。

第一章
Review Manager 的基础 meta 分析功能

第一节　Review Manager 的软件介绍

Review Manager 是 Cochrane 协作网出品的免费 meta 分析软件，其主程序名是 RevMan. EXE，所以也称为 RevMan，它和 Cochrane 的 Archie 数据库一起组成 Cochrane 信息管理系统（Cochrane Information Management System，IMS）。注册成为 Cochrane 评价小组（Cochrane Review Group，CRG）的成员后，评价者就可利用 RevMan 进行 Cochrane 系统评价的准备和维护，如不注册，评价者还是可以利用 RevMan 进行 Cochrane 系统评价的准备和维护，但是完成后的系统评价不能进入 Cochrane 系统评价资料库（The Cochrane Database of Systematic Reviews，CDSR）。作为 Cochrane 协作网的系统综述写作软件，RevMan 已内置 Cochrane 系统综述的模板，评价者只需按《Cochrane 系统评价员手册》（Cochrane Handbook）的要求逐一填写便可。

一、Review Manager 的下载与安装

（一）下载 Review Manager

RevMan 目前可供下载有三个版本——RevMan 4.2、RevMan 4.3 和 RevMan 5，适用于 Windows、Macintosh 和 Unix 平台计算机（包括 Linux）。

Cochrane 协作网目前强制要求使用 RevMan 5，RevMan 5 于 2008 年 3 月 14 日发布，最新的一次更新在 2011 年 3 月 22 日，版本号为 5.1.1，大小为 28.9MB。

下载地址：

- RevMan 5：http://ims.cochrane.org/revman/download
- RevMan 4.3：http://www.cochrane-net.org/download/revman/revman43.exe
- RevMan 4.2：http://www.cochrane-net.org/download/revman/revman42.exe

以 RevMan 5 为例，在 IE 中打开链接 http://ims.cochrane.org/revman/download 后，点击 "Step 1: Download the installation file" 表格中 "Windows" 操作系统下的 "Java 6 Edition" 右边的 ⊕ **download**。在弹出的对话框中将应用程序 "RevMan_5_1_windows_java6" 保存到计算机上。

（二）安装 Review Manager

双击 "RevMan_5_1_windows_java6" 安装文件：

1. 在 "Welcome to the Review Manager Setup Wizard" 弹出窗口中，点击 "Next"。

2. 在 "License Agreement" 弹出窗口中，选择 "I accept the agreement" 后，点击 "Next"。

3. 在 "Select Destination Directory" 弹出窗口中，①接受默认的 "Destination directory：C:\Program Files\Review Manager 5" 或者②点击 "browse…" 后，在 "Select Directory" 中选择一个安装目录，点击 "OK"。点击 "Next"。

4. 在 "Select Start Menu Folder" 中，①如要在开始菜单中创建 "Review Manager" 的快捷方式，接受默认的 "Create shortcuts for all user"；或者②如果不创建开始菜单的快捷方式，选择 "Don't Create a Start Menu folder"。点击 "Next"。

5. 在 "Select File Associations" 弹出窗口，①如需要让 RevMan 5 成为打开 *.rm5 格式文件的默认程序，接受 "Review Manager 5 review file"；②如不需要，则不选择 "Review Manager 5 review file"。点击 "Next"。

6. 在 "Select Additional Tasks" 中，①如要在桌面上显示 RevMan 5 的程序快捷方式，接受 "Create a desktop icon"，同样地，如要在桌面上分别显示 RevMan 5 的教程和用户指南，接受 "Create a desktop icon for Tutorial" 和 "Create a desktop icon for User Guide"；或者②如果不需要在桌面上显示图标，则拒绝相应选项。点击 "Next"。

7. RevMan 5 自动进行安装。

8. 在 "Completing the Review Manager Setup Wizard" 弹出窗口中，①如要在马上运行 RevMan 5 程序，接受 "Run Review Manager"；或者②如不需要马上运行，则不选择 "Run Review Manager"。点击 "Finish"。

完成安装。

二、Review Manager 的界面

RevMan 5 按默认选择安装好后，会在桌面上产生一个快捷图标 5，在系统（Microsoft Windows）程序的开始菜单中也有快捷方式 5。双击启动 RevMan 5，进入到 RevMan 5 程序的主界面（图 1-1-1）。

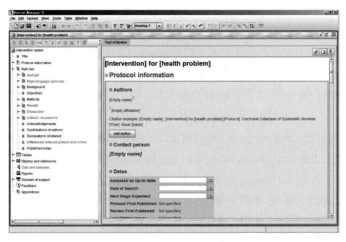

图 1-1-1　RevMan 5 的界面

三、Review Manager 中的 meta 分析功能

RevMan 5 主要对二分类变量和连续性变量资料进行 meta 分析，采用的效应量及其模型见表 1-1-1。

表 1-1-1　RevMan 中的 meta 分析功能

资料类型	效应量	固定效应模型	随机效应模型
二分类变量	优势比	M-H 法	M-H 法
（dichotomous）	（odds ratio，*OR*）	IV 法	IV 法
		Peto 法	
	风险比	M-H 法	M-H 法
	（risk ratio，*RR*）	IV 法	IV 法
	风险差	M-H 法	M-H 法
	（risk difference，*RD*）	IV 法	IV 法
连续性变量	均数差	IV 法	IV 法
（continuous）	（mean difference，*MD*）		
	标准化均数差	IV 法	IV 法
	（standardized mean difference，*SMD*）		
期望方差	用户定义	Peto 法	无
（O-E and variance）			
一般倒方差	用户定义	IV 法	IV 法
（generic inverse variance）			
其他	用户定义	无	无
（other）			

注：M-H 法：Mantel-Haenszel 法；IV 法：倒方差法（inverse variance，IV）

四、创建新的系统评价

1. 选择菜单"File/New"，弹出"New Review Wiazard"对话框，点击"Next"。

2. 在"Type of Review"中选择系统评价的类型：

● Intervention review：创建 Cochrane 干预评价。

● Methodology review：创建 Cochrane 方法学评价。

● Diagnostic test accuracy review：创建 Cochrane 诊断试验评价。

● Overview of reviews：创建 Cochrane 同类系统评价。

最常用的为创建 Cochrane 干预评价。选择后，点击"Next"。

3. 在"Title"中输入系统评价的标题，共有 4 种：

● [Intervention] for [health problem]：某个干预措施对某个健康问题的影响。

● [Intervention A] versus [intervention B] for [health problem]：A 干预措施与 B 干预措施相比对某个健康问题的影响。

● [Intervention] for [health problem] in [participant group/location]：某个干预措施对某个人群的某个健康问题的影响。

● [Use if title does not fit any of the formats above]：自定义。

输入标题后,点击"Next"。

4．在"Stage"中选择系统评价的阶段:

● Title only:只有标题,该阶段不可选。

● Protocol:方案阶段。

● Full review:全文阶段。

一般选择全文阶段。选择后,点击"Finish","New Review Wiazard"对话框关闭。

五、添加新的纳入研究

1．在左边的树形目录中点击"Tables"旁边的钥匙状图标,展开"Tables"下"Characteristics of studies"、"Summary of finding tables"和"Addition tables"3个子目录。

2．点击"Characteristics of studies"旁的钥匙状图标,展开"Characteristics of included studies"、"Characteristics of excluded studies"、"Characteristics of studies awating classification"和"Characteristics of studies ongoing studies"4个子目录。

3．右键单击"Characteristics of included studies",在弹出菜单中选择第一项"Add Study",弹出"New Study Wizard"窗口。

4．在弹出的"New Study Wizard"的"Study ID"一栏中填入研究名称,通常为第一作者名称加发表时间,如"张三 2011"。输入完成后点击"Next"添加研究的特征信息,或者点击"Finish"完成研究的添加。

5．如点击"Next",在"Data Source"中选择数据的来源,共有4种:

● Published data only(unpublished not sought):来源于公开发表的文献(未查找未公开发表的文献)。

● Published and unpublished data:来源于公开和未公开发表的文献。

● Unpublished data only:来源于未公开发表的文献。

● Published data only(unpublished sought but not used):来源于公开发表的文献(查找了未公开发表的文献,但未使用)。

选择后,点击"Next"继续添加研究的特征信息,或者点击"Finish"完成研究的添加。

6．如点击"Next",在"Year"中填入研究的发表时间,如"2011"。输入完成后点击"Next"继续添加研究的特征信息,或者点击"Finish"完成研究的添加。

7．如点击"Next",在"Identifiers"中选择研究的识别码。左键单击"Add Identifier"后即可添加一个识别码,主要有4种:

● ISRCTN:来源于国际标准随机对照试验号注册库的识别码。

● DOI:数字对象唯一标识符。

● ClinicalTrials.gov:来源于临床试验信息网站的识别码。

● Other:其他类型的识别码。

添加完成后,点击"Next"继续添加研究的特征信息,或者点击"Finish"完成研究的添加。

8．如点击"Next",需要选择完成该研究的添加后的下一步行动:

● Nothing:关闭"New Study Wizard"窗口。

● Add a reference for the new study:为该研究添加参考文献。

● Add another study in the same section:继续添加下一个纳入研究。

选择"Nothing"后，点击"Finish"完成研究的添加。

选择"Add a reference for the new study"后，点击"Continue"，在"New Reference Wizard"中完成参考文献信息。

选择"Add another study in the same section"后，在"New Study Wizard"的"Study ID"继续输入下一个纳入研究的名称，依此类推完成所有纳入研究添加过程。

六、添加新的比较和结局指标

循证医学中通常使用 PICO 模式来构建临床问题，即 P（patient or problem）（有关患者人群或疾病过程的描述）、I（intervention）（考虑的治疗措施）、C（comparison）（作为比较的治疗措施）和 O（outcome）（临床预后结果）。通过添加比较和结局指标，就可以在 RevMan 以 PICO 模式分析临床问题。此部分都在左边树形目录的"Data and analyses"完成。

（一）添加比较

1. 右键单击"Data and analyses"，在弹出菜单中选择第一项"Add Comparison"，弹出"New Comparison Wizard"向导窗口。

2. 在"Name"中输入比较的名称，通称为治疗措施比对照措施，如"药物 vs 安慰剂"。输入完名称后，点击"Next"完善比较信息，或点击"Finish"完成比较的添加。

3. 如选择"Next"，需要选择完成该比较的添加后的下一步行动：

● Noting：关闭"New Comparison Wizard"窗口。

● Add an outcome under the new comparison：在此比较下添加一个结局指标。

● Add another comparison：添加另一个比较。

选择"Nothing"后，点击"Finish"完成研究的添加。

选择"Add an outcome under the new comparison"后，点击"Continue"，在"New Outcome Wizard"中完成结局指标的添加。

选择"Add another comparison"后，在"New Comparison Wizard"的"Name"中继续输入下一个比较的名称，依此类推完成所有比较的添加过程。

（二）添加结局指标

除了在添加完比较后选择"Add an outcome under the new comparison"外，还可以在比较名称上，如"药物 vs 安慰剂"上右键单击，在弹出菜单中选择第一项"Add Outcome"，同样也会弹出"New Outcome Wizard"向导窗口。

1. 在"Data Type"中选择结局指标的数据类型，共有 5 种：

● Dichotomous：二分类变量。

● Continuous：连续性变量。

● O-E and Variance：期望方差。

● Generic Inverse Variance：一般倒方差。

● Other Data：其他类型。

最为常用的数据类型为二分类变量和连续性变量。选择后，点击"Next"完善结局指标信息，或点击"Finish"完成该结局指标的添加。

2. 如选择"Next"，在"Name"中输入结局指标的名称，如"死亡率"。在"Group Label 1"中可以重命名干预组（"Experimental"）的名称，如"药物"；在"Group Label 2"中可以重命名对照组（"Control"）的名称，如"安慰剂"。点击"Next"完善继续结局指标信息，或点击"Finish"完成该结局指标的添加。

3. 如选择"Next"，可见分析方法窗口中有3个子窗口：

● Statistical Method：统计方法。有"Peto"法、"Mantel-Haenszel"法、"Inverse Variance"法和"Exp［(O-E)/Var］"法。

● Analysis Model：分析模型。有固定效应模型（"Fixed Effect"）和随机效应模型（"Random Effects"）。

● Effect Measure：效应量。有 Peto *OR*、*OR*、*RR*、*RD*、*MD*、*SMD* 等。

可接受默认选项，点击"Next"完善继续结局指标信息，或点击"Finish"完成该结局指标的添加。

4. 如选择"Next"，可见在分析方法细节窗口中有4个子窗口：

● Totals：可选择显示总合并效应量和亚组合并效应量（"Totals and subtotals"）结果、只显示亚组合并效应量（"Subtotals only"）结果，或者不显示合并效应量（"No totals"）。

● Study Confidence Interval：选择纳入研究的显示的可信区间范围，可选 90%、95% 或 99%。

● Total Confidence Interval：选择合并效应量的显示的可信区间范围，可选 90%、95% 或 99%。

● Advanced Options：高级选项。可以检验亚组间的区别和对换事件和非事件数。

可接受默认选项，点击"Next"完善继续结局指标信息，或点击"Finish"完成该结局指标的添加。

5. 如选择"Next"，可见图形细节窗口。可在"Left Graph Label"中改变左图例，在"Right Graph Label"中改变右图例，在"Scale"中改变数据显示范围，在"Sort By"中改变纳入研究的排序。可接受默认选项，点击"Next"完善继续结局指标信息，或点击"Finish"完成该结局指标的添加。

6. 如选择"Next"，需要选择完成该结局指标的添加后的下一步行动：

● Nothing：关闭"New Outcome Wizard"窗口。

● Edit the new outcome：编辑该结局指标。

● Add a subgroup for the new outcome：在该结局指标下添加一个亚组。

● Add study data for the new outcome：为该结局指标添加研究数据。

● Add another outcome for the same comparison：在同一比较下添加下一个结局指标。

选择"Nothing"后，点击"Finish"完成结局指标的添加。

选择"Edit the new outcome"后，点击"Finish"后，在弹出的表格中对结局指标进行编辑。

选择"Add a subgroup for the new outcome"后，点击"Continue"，在"New Subgroup Wizard"中完成亚组的添加。

选择"Add study data for the new outcome"后，点击"Continue"，在"New Study Data Wizard"添加该结局指标下的纳入研究。

选择"Add another outcome for the same comparison"后，点击"Continue"，在"New Outcome Wizard"的中继续选择下一个结局指标的数据类型，依此类推完成所有结局指标的添加过程。

第二节　Review Manager 中二分类资料的 meta 分析

一、比值比 *OR*

实例数据参照表 1-1-2。

表 1-1-2　纳入 meta 分析的各项研究的主要信息

研究编号	作者	发表时间	试验组			对照组		
			死亡数	存活数	总人数	死亡数	存活数	总人数
1	Lu	2003	11	41	52	26	30	56
2	Wang	2001	2	28	30	8	22	30
3	Shen	2003	13	29	42	21	19	40
4	Gu	2004	26	34	60	39	21	60
5	Ma	1999	20	30	50	33	17	50

（一）添加纳入研究

1. 右键单击"Characteristics of included studies"，在弹出菜单中选择第一项"Add Study"，弹出"New Study Wizard"窗口。在"Study ID"一栏中填入研究名称"Lu 2003"。点击"Finish"完成研究的添加（表 1-1-3）。

2. 重复上述过程，添加"Wang 2001"、"Shen 2003"、"Gu 2004"和"Ma 1999"（表 1-1-3）。

表 1-1-3　在 RevMan 中录入的 *OR* 数据

Study ID	Experimental		Control	
	Events	Total	Events	Total
Lu 2003	11	52	26	56
Wang 2001	2	30	8	30
Shen 2003	13	42	21	40
Gu 2004	26	60	39	60
Ma 1999	20	50	33	50

（二）添加比较

1. 右键单击"Data and analyses"，在弹出菜单中选择第一项"Add Comparison"。弹出"New Comparison Wizard"向导窗口后，在"Name"中输入比较的名称"试验组 vs 对照组"。

2. 点击"Finish"完成比较的添加。

（三）添加结局指标

1. 在添加的"试验组 vs 对照组"上右键单击，在弹出菜单中选择第一项"Add Outcome"，弹出"New Outcome Wizard"向导窗口。

2. 在"Data Type"中选择二分类变量（"Dichotomous"），点击"Next"。

3. 在"Name"中输入结局指标的名称"死亡率"，点击"Finish"完成该结局指标的添加。

（四）添加结局指标数据

1. 右键单击结局指标"死亡率"，在弹出菜单中选择第二项"Add Study Data"，弹出"New

Study Data Wizard"向导窗口。

2．在"Included Studies"栏中选中"Lu 2003"、"Wang 2001"、"Shen 2003"、"Gu 2004"和"Ma 1999"。点击"Finish"将上述 5 项研究加入右边的表格中。

3．在右边的表格中输入相应的数据。

（五）选择效应量和统计模型

1．点击表格上方的 OR ，可在 RR 和 RD 之间选择效应量，选择"OR"。

2．点击表格上方的 FE ，可转变为 RE ，选择固定效应模型"FE"。

（六）绘制森林图

输入数据以及选择完效应量和统计模型后，即可在表格中获得固定效应模型的合并效应量 *OR*（图 1-1-2）。

Study or Subgroup	Experimental		Control		Weight	Odds Ratio
	Events	Total	Events	Total		M-H, Fixed, 95% CI
☑ Gu 2004	26	60	39	60	26.3%	0.41 [0.20, 0.86]
☑ Lu 2003	11	52	26	56	23.5%	0.31 [0.13, 0.72]
☑ Ma 1999	20	50	33	50	23.6%	0.34 [0.15, 0.78]
☑ Shen 2003	13	42	21	40	17.7%	0.41 [0.16, 1.00]
☑ Wang 2001	2	30	8	30	8.9%	0.20 [0.04, 1.02]
Total (95% CI)		234		236	100.0%	0.35 [0.24, 0.52]
Total events	72		127			
Heterogeneity: Chi² = 0.84, df = 4 (P = 0.93); I² = 0%						
Test for overall effect: Z = 5.18 (P < 0.00001)						

图 1-1-2　RevMan 中 *OR* 的表格数据

点击表格上方的 ◄┤ ，弹出"Forest plot"（图 1-1-3）。

Study or Subgroup	Experimental		Control		Weight	Odds Ratio	Odds Ratio
	Events	Total	Events	Total		M-H, Fixed, 95% CI	M-H, Fixed, 95% CI
Gu 2004	26	60	39	60	26.3%	0.41 [0.20, 0.86]	
Lu 2003	11	52	26	56	23.5%	0.31 [0.13, 0.72]	
Ma 1999	20	50	33	50	23.6%	0.34 [0.15, 0.78]	
Shen 2003	13	42	21	40	17.7%	0.41 [0.16, 1.00]	
Wang 2001	2	30	8	30	8.9%	0.20 [0.04, 1.02]	
Total (95% CI)		234		236	100.0%	0.35 [0.24, 0.52]	
Total events	72		127				
Heterogeneity: Chi² = 0.84, df = 4 (P = 0.93); I² = 0%							0.02 0.1 1 10 50
Test for overall effect: Z = 5.18 (P < 0.00001)							Favours experimental Favours control

图 1-1-3　RevMan 中 *OR* 的森林图

（七）绘制漏斗图

点击表格上方的 ☒ ，弹出"Funnel plot"（图 1-1-4）。

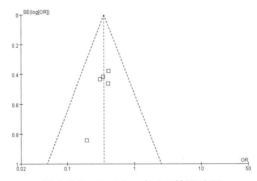

图 1-1-4　RevMan 中 *OR* 的漏斗图

二、相对危险度 *RR*

实例数据参照表 1-1-4。

表 1-1-4　纳入 meta 分析的各项研究的主要信息

研究编号	作者	发表时间	试验组			对照组		
			有效数	无效数	总人数	有效数	无效数	总人数
1	Blondal	1989	37	55	92	24	66	90
2	Campbell	1991	21	86	107	21	84	105
3	Fagerstrom	1982	30	20	50	23	27	50
4	Fee	1982	23	157	180	15	157	172
5	Garcia	1989	21	47	68	5	33	38

（一）添加纳入研究

右键单击"Characteristics of included studies"，在弹出菜单中选择第一项"Add Study"，弹出"New Study Wizard"窗口。在"Study ID"一栏中填入研究名称"Blondal 1989"。点击"Finish"完成研究的添加。重复上述过程，添加"Campbell 1991"、"Fagerstrom 1982"、"Fee 1982"和"Garcia 1989"（表 1-1-5）。

表 1-1-5　在 RevMan 中录入的 *RR* 数据

Study ID	Experimental		Control	
	Events	Total	Events	Total
Blondal 1989	37	92	24	90
Campbell 1991	21	107	21	105
Fagerstrom 1982	30	50	23	50
Fee 1982	23	180	15	172
Garcia 1989	21	68	5	38

（二）添加比较

右键单击"Data and analyses"，在弹出菜单中选择第一项"Add Comparison"。弹出"New Comparison Wizard"向导窗口后，在"Name"中输入比较的名称"试验组 vs 对照组"。点击"Finish"完成比较的添加。

（三）添加结局指标

在添加的"试验组 vs 对照组"上右键单击，在弹出菜单中选择第一项"Add Outcome"，弹出"New Outcome Wizard"向导窗口。在"Data Type"中选择二分类变量（Dichotomous），点击"Next"。在"Name"中输入结局指标的名称"有效率"，点击"Finish"完成该结局指标的添加。

（四）添加结局指标数据

右键单击结局指标"有效率"，在弹出菜单中选择第二项"Add Study Data"，弹出"New Study Data Wizard"向导窗口。在"Included Studies"栏中选中"Blondal 1989"、"Campbell

1991"、"Fagerstrom 1982"、"Fee 1982"和"Garcia 1989"。点击"Finish"将上述 5 项研究加入右边的表格中。在右边的表格中输入相应的数据。

（五）选择效应量和模型

选择 $\boxed{RR}$ 和 $\boxed{FE}$。表格显示固定效应模型的合并效应量 RR（图 1-1-5）。

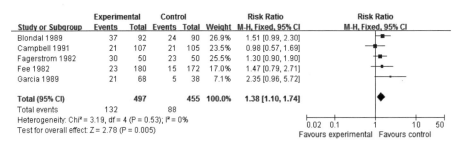

图 1-1-5　RevMan 中 RR 的表格数据

（六）绘制森林图

点击表格上方的 $\boxed{\text{≠}}$，弹出"Forest plot"（图 1-1-6）。

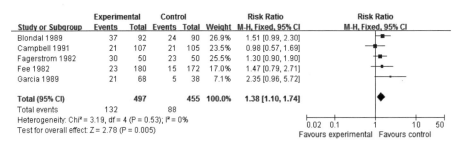

图 1-1-6　RevMan 中 RR 的森林图

（七）绘制漏斗图

点击表格上方的 $\boxed{\text{⊾}}$，弹出"Funnel plot"（图 1-1-7）。

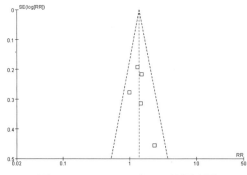

图 1-1-7　RevMan 中 RR 的漏斗图

三、率差 RD

实例数据参照表 1-1-6。

表 1-1-6　纳入 meta 分析的各项研究的主要信息

研究编号	作者	发表时间	试验组			对照组		
			死亡数	存活数	总人数	死亡数	存活数	总人数
1	Hartman	1998	37	45	82	46	36	82
2	AHS	1998	76	105	181	101	80	181
3	ATBC	2001	21	25	46	20	27	47
4	CARET	2003	69	73	142	63	81	144
5	Weinstein	2005	43	61	104	40	66	106

（一）添加纳入研究

右键单击"Characteristics of included studies"，在弹出菜单中选择第一项"Add Study"，弹出"New Study Wizard"窗口。在"Study ID"一栏中填入研究名称"Hartman 1998"。点击"Finish"完成研究的添加。重复上述过程，添加"AHS 1998"、"ATBC 2001"、"CARET 2003"和"Weinstein 2005"（表 1-1-7）。

表 1-1-7　在 RevMan 中录入的 *RD* 数据

Study ID	Experimental		Control	
	Events	Total	Events	Total
Hartman 1998	37	82	46	82
AHS 1998	76	181	101	181
ATBC 2001	21	46	20	47
CARET 2003	69	142	63	144
Weinstein 2005	43	104	40	106

（二）添加比较

右键单击"Data and analyses"，在弹出菜单中选择第一项"Add Comparison"。弹出"New Comparison Wizard"向导窗口后，在"Name"中输入比较的名称"试验组 vs 对照组"。点击"Finish"完成比较的添加。

（三）添加结局指标

在添加的"试验组 vs 对照组"上右键单击，在弹出菜单中选择第一项"Add Outcome"，弹出"New Outcome Wizard"向导窗口。在"Data Type"中选择二分类变量（Dichotomous），点击"Next"。在"Name"中输入结局指标的名称"死亡率"，点击"Finish"完成该结局指标的添加。

（四）添加结局指标数据

右键单击结局指标"有效率"，在弹出菜单中选择第二项"Add Study Data"，弹出"New Study Data Wizard"向导窗口。在"Included Studies"栏中选中"Hartman 1998"、"AHS 1998"、"ATBC 2001"、"CARET 2003"和"Weinstein 2005"。点击"Finish"将上述 5 项研究加入右边的表格中。在右边的表格中输入相应的数据。

（五）选择效应量和模型

选择 RD 和 RE 。表格显示随机效应模型的合并效应量 *RD*（图 1-1-8）。

Study or Subgroup	Experimental Events	Experimental Total	Control Events	Control Total	Weight	Risk Difference M-H, Random, 95% CI
☑ AHS 1998	76	181	101	181	25.6%	-0.14 [-0.24, -0.04]
☑ ATBC 2001	21	46	20	47	12.6%	0.03 [-0.17, 0.23]
☑ CARET 2003	69	142	63	144	23.3%	0.05 [-0.07, 0.16]
☑ Hartman 1998	37	82	46	82	17.9%	-0.11 [-0.26, 0.04]
☑ Weinstein 2005	43	104	40	106	20.6%	0.04 [-0.10, 0.17]
Total (95% CI)		555		560	100.0%	-0.03 [-0.12, 0.05]
Total events	246		270			
Heterogeneity: Tau² = 0.01; Chi² = 8.36, df = 4 (P = 0.08).						
Test for overall effect: Z = 0.73 (P = 0.47)						

图 1-1-8　RevMan 中 *RD* 的表格数据

（六）绘制森林图

点击表格上方的 ⊟，弹出"Forest plot"（图 1-1-9）。

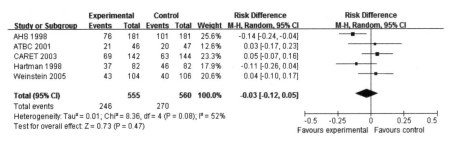

图 1-1-9　RevMan 中 *RD* 的森林图

（七）绘制漏斗图

点击表格上方的 ⊡，弹出"Funnel plot"（图 1-1-10）。

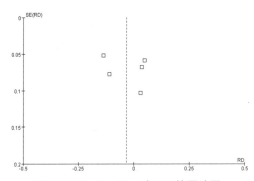

图 1-1-10　RevMan 中 *RD* 的漏斗图

第三节　Review Manager 中连续性资料的 meta 分析

一、加权均数差 *WMD*

实例数据参照表 1-1-8。

表 1-1-8　纳入 meta 分析的各项研究的主要信息

研究编号	试验组			对照组		
	总人数	平均值	标准差	总人数	平均值	标准差
1	134	5.96	4.24	113	4.72	4.72
2	175	4.74	4.64	151	5.07	5.38
3	137	2.04	2.59	140	2.51	3.22
4	184	2.70	2.32	179	3.20	2.46
5	174	6.09	4.86	169	5.81	5.14

（一）添加纳入研究

右键单击"Characteristics of included studies"，在弹出菜单中选择第一项"Add Study"，弹出"New Study Wizard"窗口。在"Study ID"一栏中填入研究名称"1"。点击"Finish"完成研究的添加。重复上述过程，添加"2"、"3"、"4"和"5"（表 1-1-9）。

表 1-1-9　在 RevMan 中录入的 *WMD* 数据

Study ID	Experimental			Control		
	Mean	SD	Total	Mean	SD	Total
1	5.96	4.24	134	4.72	4.72	113
2	4.74	4.64	175	5.07	5.38	151
3	2.04	2.59	137	2.51	3.22	140
4	2.70	2.32	184	3.20	2.46	179
5	6.09	4.86	174	5.81	5.14	169

（二）添加比较

右键单击"Data and analyses"，在弹出菜单中选择第一项"Add Comparison"。弹出"New Comparison Wizard"向导窗口后，在"Name"中输入比较的名称"试验组 vs 对照组"。点击"Finish"完成比较的添加。

（三）添加结局指标

在添加的"试验组 vs 对照组"上右键单击，在弹出菜单中选择第一项"Add Outcome"，弹出"New Outcome Wizard"向导窗口。在"Data Type"中选择连续性变量（Continuous），点击"Next"。在"Name"中输入结局指标的名称"测量值 A"，点击"Finish"完成该结局指标的添加。

（四）添加结局指标数据

右键单击结局指标"测量值 A"，在弹出菜单中选择第二项"Add Study Data"，弹出"New Study Data Wizard"向导窗口。在"Included Studies"栏中选中"1"、"2"、"3"、"4"和"5"。点击"Finish"将上述 5 项研究加入右边的表格中。在右边的表格中输入相应的数据。

（五）选择效应量和模型

选择 MD 和 RE。表格显示随机效应模型的合并效应量加权均数差 *MD*（图 1-1-11）。

（六）绘制森林图

点击表格上方的 ⬛，弹出"Forest plot"（图 1-1-12）。

| Study or Subgroup | Experimental | | | Control | | | Weight | Mean Difference |
	Mean	SD	Total	Mean	SD	Total		IV, Random, 95% CI
1	5.96	4.24	134	4.72	4.72	113	15.0%	1.24 [0.11, 2.37]
2	4.74	4.64	175	5.07	5.38	151	15.5%	-0.33 [-1.43, 0.77]
3	2.04	2.59	137	2.51	3.22	140	24.1%	-0.47 [-1.16, 0.22]
4	2.7	2.32	184	3.2	2.46	179	29.3%	-0.50 [-0.99, -0.01]
5	6.09	4.86	174	5.81	5.14	169	16.1%	0.28 [-0.78, 1.34]
Total (95% CI)			804			752	100.0%	-0.08 [-0.64, 0.48]
Heterogeneity: Tau² = 0.22, Chi² = 9.06, df = 4 (P = 0.06); I² = 56%								
Test for overall effect: Z = 0.28 (P = 0.78)								

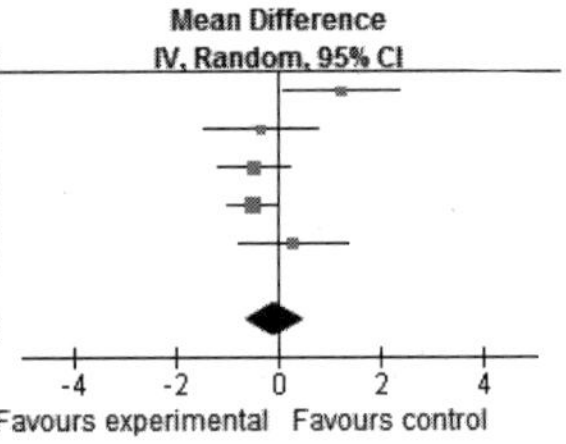

图 1-1-11　RevMan 中 *MD* 的表格数据

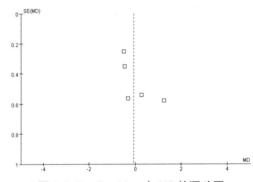

图 1-1-12　RevMan 中 *MD* 的森林图

（七）绘制漏斗图

点击表格上方的 ⬛，弹出"Funnel plot"（图 1-1-13）。

图 1-1-13　RevMan 中 *MD* 的漏斗图

二、标准均数差 *SMD*

实例数据参照表 1-1-10。

表 1-1-10　纳入 meta 分析的各项研究的主要信息

| 研究编号 | 作者 | 发布时间 | 试验组 | | | 对照组 | | |
			样本	均数	标准差	样本	均数	标准差
1	Cabrera	1996	31	2.9	6.0	32	7.7	9.8
2	Cello	1997	24	20.8	3.2	25	20.1	4.6
3	Jalan	1997	31	23.2	15.0	27	31.2	19.0
4	Rossle	1997	61	27.0	17.0	65	34.0	28.0
5	Garcia	1999	22	20.9	20.2	24	14.3	18.7

（一）添加纳入研究

右键单击"Characteristics of included studies"，在弹出菜单中选择第一项"Add Study"，弹出"New Study Wizard"窗口。在"Study ID"一栏中填入研究名称"Cabrera 1996"。点击"Finish"完成研究的添加。重复上述过程，添加"Cello 1997"、"Jalan 1997"、"Rossle 1997"和"Garcia 1999"（表 1-1-11）。

表 1-1-11　在 RevMan 中录入的 SMD 数据

Study ID	Experimental			Control		
	Mean	SD	Total	Mean	SD	Total
Cabrera 1996	2.9	6.0	31	7.7	9.8	32
Cello 1997	20.8	3.2	24	20.1	4.6	25
Jalan 1997	23.2	15.0	31	31.2	19.0	27
Rossle 1997	27.0	17.0	61	34.0	28.0	65
Garcia 1999	20.9	20.2	22	14.3	18.7	24

（二）添加比较

右键单击"Data and analyses"，在弹出菜单中选择第一项"Add Comparison"。弹出"New Comparison Wizard"向导窗口后，在"Name"中输入比较的名称"试验组 vs 对照组"。点击"Finish"完成比较的添加。

（三）添加结局指标

在添加的"试验组 vs 对照组"上右键单击，在弹出菜单中选择第一项"Add Outcome"，弹出"New Outcome Wizard"向导窗口。在"Data Type"中选择连续性变量（Continuous），点击"Next"。在"Name"中输入结局指标的名称"测量值 B"，点击"Finish"完成该结局指标的添加。

（四）添加结局指标数据

右键单击结局指标"测量值 B"，在弹出菜单中选择第二项"Add Study Data"，弹出"New Study Data Wizard"向导窗口。在"Included Studies"栏中选中"Cabrera 1996"、"Cello 1997"、"Jalan 1997"、"Rossle 1997"和"Garcia 1999"。点击"Finish"将上述 5 项研究加入右边的表格中。在右边的表格中输入相应的数据。

（五）选择效应量和模型

选择 SMD 和 RE。表格显示随机效应模型的合并效应量标准化均数差 SMD（图 1-1-14）。

图 1-1-14　RevMan 中 SMD 的表格数据

（六）绘制森林图

点击表格上方的 [图标]，弹出"Forest plot"（图 1-1-15）。

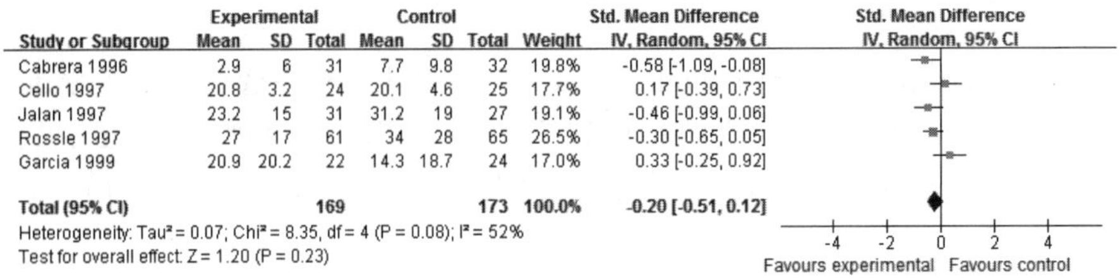

Study or Subgroup	Experimental			Control			Weight	Std. Mean Difference IV, Random, 95% CI
	Mean	SD	Total	Mean	SD	Total		
Cabrera 1996	2.9	6	31	7.7	9.8	32	19.8%	-0.58 [-1.09, -0.08]
Cello 1997	20.8	3.2	24	20.1	4.6	25	17.7%	0.17 [-0.39, 0.73]
Jalan 1997	23.2	15	31	31.2	19	27	19.1%	-0.46 [-0.99, 0.06]
Rossle 1997	27	17	61	34	28	65	26.5%	-0.30 [-0.65, 0.05]
Garcia 1999	20.9	20.2	22	14.3	18.7	24	17.0%	0.33 [-0.25, 0.92]
Total (95% CI)			**169**			**173**	**100.0%**	**-0.20 [-0.51, 0.12]**

Heterogeneity: Tau² = 0.07; Chi² = 8.35, df = 4 (P = 0.08); I² = 52%
Test for overall effect: Z = 1.20 (P = 0.23)

图 1-1-15　RevMan 中 *SMD* 的森林图

（七）绘制漏斗图

点击表格上方的█，弹出"Funnel plot"（图 1-1-16）。

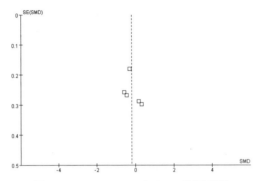

图 1-1-16　RevMan 中 *SMD* 的漏斗图

第二章

Stata 的基础 meta 分析功能

第一节　Stata 的软件介绍

Stata 是 Stata 公司于 1985 年开发出来的统计程序,在全球范围内被广泛应用于企业和学术机构中。它是一款商业统计分析软件,具有完整的、集成的统计分析功能,可进行数据管理、统计分析、图表、模拟和自定义编程。Stata 命令简单易学,操作灵活,深受研究人员的青睐。Stata 的可编程性使其便于用户增加新的功能来响应当今日益增长的研究需要,Stata 中的 meta 分析功能就是通过编程实现的。Stata 的 meta 分析功能比较全面和强大,国外文献中许多 meta 分析文章都是通过 Stata 来完成的。该软件除了可以完成二分类变量和连续性变量的 meta 分析外,也可以进行 meta 回归分析、诊断试验的 meta 分析、累积 meta 分析等。它还可以进行敏感性分析和对发表偏倚进行 Begg 检验和 Egger 检验。用 Stata 绘制的统计图形如森林图(Forest plot)、漏斗图(Funnel plot)等相当精美,还可依个人需求和学术期刊要求选择合适的类型。

一、Stata 软件的购买

Stata 的最新版为 Stata 11,适用于 Windows、Macintosh 和 Unix 平台计算机(包括 Linux),共有 5 个版本:

- Stata/MP:Stata 的最快版本,用于双核以及多核/多处理器计算机。
- Stata/SE:用于处理大数据集的 Stata。
- Stata/IC:Stata 的标准版。
- Small Stata:Stata 的学生版,小型,仅用于教学目的。
- Numerics by Stata:用于嵌入式系统的 Stata。

Stata 不同版本的功能比较见表 1-2-1。

表 1-2-1　Stata 不同版本的功能比较

版本	最大变量数	最大右手边变量数	最大观测值数	是否兼容 64 位系统	是否支持并行处理	平台
Stata/MP	32 767	10 998	无限*	是	是	Windows, Mac, 或 Unix
Stata/SE	32 767	10 998	无限*	是	否	Windows, Mac, 或 Unix
Stata/IC	2047	798	无限*	是	否	Windows, Mac, 或 Unix
Small Stata	99	99	1200	否	否	Windows 或 Mac

*最大观测值数仅受可使用的内存大小限制

Stata 不同版本的系统要求见表 1-2-2。

表 1-2-2 Stata 不同版本的系统安装要求

版本	内存（MB）	硬盘空间（MB）
Stata/MP	512	250
Stata/SE	512	250
Stata/IC	512	250
Small Stata	512	250

购买地址：http://www.stata.com/order/

二、Stata 的界面

Stata 按默认选择安装好后，会在桌面上产生一个快捷图标，在系统（Microsoft Windows）程序的开始菜单中也有快捷方式。双击启动 Stata，进入到 Stata 程序的主界面（图 1-2-1）。

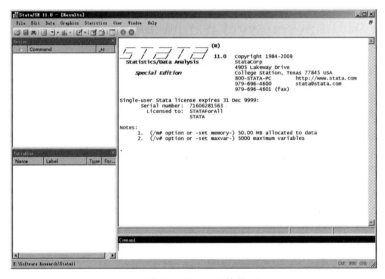

图 1-2-1 Stata 11 的界面

Stata 的界面主要由 3 部分组成，从上到下依次为：

● 菜单栏：共有"File"、"Edit"、"Data"、"Graphics"、"Statistics"、"User"、"Windows"和"Help"等 8 个，各菜单除了一级菜单外，有的还有二级菜单，有的命令在使用过程中还会有新的对话框。

● 工具栏

● Stata 运行窗口：共有 4 个，叙述如下：

1. 结果窗口 位于运行窗口的右上部。软件运行中的所有信息，如所执行的命令、执行结果和出错信息等均在该处体现。窗口中使用不同的颜色区分不同的文本，如默认情况下白色表示命令，红色表示错误信息，绿色和黄色为结果输出和注释。

2. 命令窗口 标题显示为"Command"，位于运行窗口的右下部，即结果窗口的下方。

此处用于键入需要执行的命令,回车后即开始执行,相应的结果则会在结果窗口中显示。

3．回顾窗口 标题显示为"Review",位于运行窗口的左上部。所有执行过的命令会依次在该窗口中列出,单击后命令即被自动拷贝到命令窗口中;如果需要重复执行,用鼠标在 Review 窗口中双击相应的命令即可。

4．变量窗口 标题显示为"Variables",位于运行窗口的左下部,即回顾窗口的下方。列出当前数据集中的所有变量名称。

三、Stata 的命令格式

Stata 中的操作几乎都靠执行命令来完成,命令的基本格式如下:

命令 数据,参数

不同数据和参数之间使用空格分隔。注意 Stata 中命令区别大小写,"X"和"x"被认为是不同的,且只识别英文标点符号。

各个命令中的数据格式和参数选择不尽相同,可参考该命令的帮助文件:

help 命令

或者使用命令的菜单模式:

db 命令

四、Stata 中 meta 分析模块的安装

Stata 中 meta 分析模块的实现,是通过安装用户编写的 meta 分析命令实现的。Stata 中的 meta 分析相关命令包括: metamctan、labbe、metametacum、metametap、metametareg、metametafunnel、confunnel、metametabias、metametatrim、metametandi、metametandiplot、glst、metamiss、mvmetameta、mvmeta_make、metaninf、midas、meta_lr 和 metaparm 等。

安装 masi(meta-Analysis in Stata)命令包后,就能通过相关命令执行 meta 分析。安装 masi 命令包的方法如下:

1．连接到互联网。

2．打开 Stata,在命令窗口输入命令:

● net from http://www.stata-press.com/data/mais

● net install mais

● spinst_mais

metan 命令就能实现 RevMan 5 中的二分类变量资料和连续性变量资料的 meta 分析功能。单独安装 metan 命令的命令为:

● ssc install metan

五、Stata 中数据的录入和常用的命令

(一)数据的录入

数据的录入是进行分析的第一步,点击菜单"Window/Data Editor",直接录入数据,也可以直接复制、粘贴数据。然后右键点击自动产生的变量 var1,var2 等,在弹出菜单中选择"Variable Properties"进行变量名称的修改。在"Name"栏输入变量名称,在"Label"栏输入变量标签,在"Type"栏选择变量类型,在"Format"栏选择变量数据格式,输入完成后点击

"Apply"保存，关闭"Variable Properties"窗口。

（二）常用的 meta 分析命令

执行 metan 命令，可以合并二分类及连续数据，并能得到 I^2 统计量进行异质性检验，同时给出森林图。metan 命令的基本格式如下：

metan 数据，效应量　模型　研究名称

其中，数据的顺序不能改变，而参数（效应量、模型和研究名称）的顺序可以改变。

1. 二分类资料

（1）*OR* 值固定效应模型和随机效应模型的 metametan 命令：

● metan a b c d, or fixed label（namevar＝studyname, yearvar＝year）

● metan a b c d, or random label（namevar＝studyname, yearvar＝year）

（2）*RR* 值固定效应模型和随机效应模型的 metametan 命令：

● metan a b c d, rr fixed label（namevar＝studyname, yearvar＝year）

● metan a b c d, rr random label（namevar＝studyname, yearvar＝year）

（3）*RD* 值固定效应模型和随机效应模型的 metametan 命令：

● metan a b c d, rr fixed label（namevar＝studyname, yearvar＝year）

● metan a b c d, rr random label（namevar＝studyname, yearvar＝year）

数据：a 表示试验组发生事件数，b 表示试验组未发生事件数，c 表示对照组发生事件数，d 表示对照组未发生事件数。

效应量：or 表示合并的是比值比 odds ratio（*OR*），rr 表示合并的是相对危险度 risk ratio（*RR*），rd 表示合并的是 risk difference（*RD*）。

模型：fixed 表示按照固定效应合并，random 表示按照随机效应模型合并，如果省略则代表按照默认的固定效应模型合并。

研究名称：label（namevar＝studyname, yearvar＝year）标记每个研究。

2. 连续性资料

（1）*WMD* 值固定效应模型和随机效应模型的 metametan 命令：

● metan n1 mean1 sd1 n2 mean2 sd2, nostandard fixed label（namevar＝studyname, yearvar＝year）

● metan n1 mean1 sd1 n2 mean2 sd2, nostandard random label（namevar＝studyname, yearvar＝year）

（2）*SMD* 值固定效应模型和随机效应模型的 metametan 命令：

● metan n1 mean1 sd1 n2 mean2 sd2, cohen fixed label（namevar＝studyname, yearvar＝year）

● metan n1 mean1 sd1 n2 mean2 sd2, hegdes fixed label（namevar＝studyname, yearvar＝year）

● metan n1 mean1 sd1 n2 mean2 sd2, glass fixed label（namevar＝studyname, yearvar＝year）

● metan n1 mean1 sd1 n2 mean2 sd2, cohen random label（namevar＝studyname, yearvar＝year）

● metan n1 mean1 sd1 n2 mean2 sd2, hegdes random label（namevar＝studyname, yearvar＝year）

● metan n1 mean1 sd1 n2 mean2 sd2，glass random label（namevar＝studyname，yearvar＝year）

数据：n1 表示试验组的样本含量，mean1 表示试验组的均数，sd1 表示试验组的标准差，n2 表示对照组的样本含量，mean2 表示对照组的均数，sd2 表示对照组的标准差。

效应量：nostandard 表示合并的是加权均数差 *WMD*，cohen、hedges 和 glass 表示合并的是标准均数差 *SMD*。

模型：fixed 表示按照固定效应合并，random 表示按照随机效应模型合并，如果省略则代表按照默认的固定效应模型合并。

研究名称：label（namevar＝studyname，yearvar＝year）标记每个研究。

metan 中数据格式和参数选择的要求可参考 metan 的帮助文件，执行命令：

● help metan

（三）常用的 meta 分析菜单

虽然 Stata 中的操作都能通过命令方式完成，但是通过 Stata 命令的菜单模式，也能完成命令的大部分功能。使用 metan 命令的菜单模式，能便捷地完成上述 metan 命令模式的meta 分析功能。输入命令：

● db metan

就会弹出 metan 命令的菜单模式（图 1-2-2）。

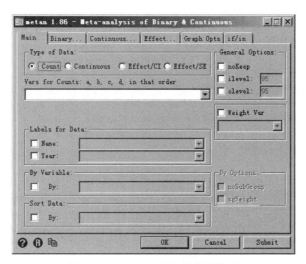

图 1-2-2　metan 命令的菜单模式

第二节　Stata 中二分类资料的 meta 分析

本节使用表 1-1-2、表 1-1-4 和表 1-1-6 的数据。

一、比值比 *OR*

实例数据如表 1-2-3 所示。

表 1-2-3　在 Stata 中录入的 OR 数据

study	a	b	c	d
Lu 2003	11	41	26	30
Wang 2001	2	28	8	22
Shen 2003	13	29	21	19
Gu 2004	26	34	39	21
Ma 1999	20	30	33	17

（一）森林图

1. 点击菜单"Window/Data Editor"，进入 Stata 的数据编辑器，按列输入数据。其中，study 表示研究名称，a 表示试验组发生事件数，b 表示试验组未发生事件数，c 表示对照组发生事件数，d 表示对照组未发生事件数。

2. 输入命令：metan a b c d，or fixed label（namevar＝study）。结果如图 1-2-3、图 1-2-4 所示。

```
      Study      |    OR    [95% Conf. Interval]   % Weight
-----------------+------------------------------------------
Lu 2003          |  0.310    0.133     0.723         23.51
Wang 2001        |  0.196    0.038     1.020          8.89
Shen 2003        |  0.406    0.165     0.999         17.69
Gu 2004          |  0.412    0.197     0.860         26.32
Ma 1999          |  0.343    0.152     0.775         23.58
-----------------+------------------------------------------
M-H pooled OR    |  0.351    0.237     0.522        100.00
-----------------+------------------------------------------

Heterogeneity chi-squared =    0.84 (d.f. = 4) p = 0.933
I-squared (variation in OR attributable to heterogeneity) =    0.0%

Test of OR=1 : z=   5.18 p = 0.000
```

图 1-2-3　Stata 中 OR 的合并效应量

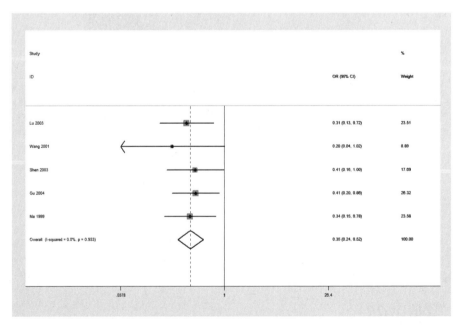

图 1-2-4　Stata 中 OR 的森林图

或者，在 metan 命令的菜单模式中选择，操作如下：

1. Main：在"Type of Data"中选择"Count"后，在"Vars for Counts"选择数据；在"Labels for Data"中选择 study 为"Name"（图 1-2-5）。

2. Binary：在"Pooling Model"中选择"Fixed，Mantel-Haenszel"；在"Statistic"中选择"OR"（图 1-2-6）。

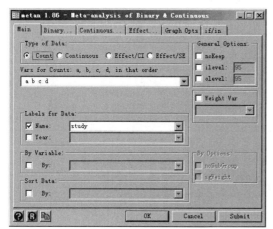

图 1-2-5　Stata 中 *OR* 的 Main 选项卡

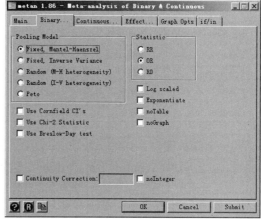

图 1-2-6　Stata 中 *OR* 的 Binary 选项卡

点击"OK"后，Stata 就会将菜单中的选项转换为 metan 命令执行，得到和直接输入命令同样的结果。

（二）漏斗图

输入命令：metafunnel _ES _selogES。结果如图 1-2-7 所示。

或者输入命令"db metafunnel"进入菜单模式，按如下顺序操作：

1. 在"Main"选项卡的"Type of Data"中选择"Theta，SE"（图 1-2-8）。

2. 在下拉框中选中"_ES"和"_selogES"（图 1-2-8）。

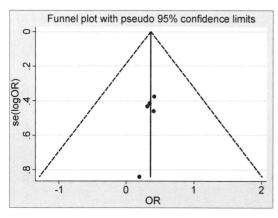

图 1-2-7　Stata 中 *OR* 的漏斗图

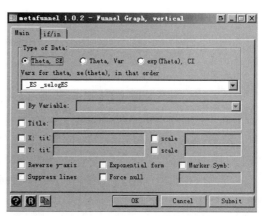

图 1-2-8　metafunnel 命令的菜单模式

点击"OK"后,Stata 就会将菜单中的选项转换为 metafunnel 命令执行,得到和直接输入命令的同样结果。

二、相对危险度 *RR*

实例数据如表 1-2-4 所示。

表 1-2-4 在 Stata 中录入的 *RR* 数据

author	year	a	b	c	d
Blondal	1989	37	55	24	66
Campbell	1991	21	86	21	84
Fagerstrom	1982	30	20	23	27
Fee	1982	23	157	15	157
Garcia	1989	21	47	5	33

(一)森林图

1. 点击菜单"Window/Data Editor",进入 Stata 的数据编辑器,按列输入数据。其中,author 表示研究名称,year 表示研究发表时间,a 表示试验组发生事件数,b 表示试验组未发生事件数,c 表示对照组发生事件数,d 表示对照组未发生事件数。

2. 输入命令:metan a b c d,rr fixed label(namevar = author,yearvar = year)。结果如图 1-2-9、图 1-2-10 所示。

```
      Study    |    RR     [95% Conf. Interval]    % Weight
---------------+------------------------------------------------
Blondal  (1989)   |  1.508    0.987     2.304          26.89
Campbell (1991)   |  0.981    0.571     1.687          23.50
Fagerstrom (1982) |  1.304    0.896     1.900          25.49
Fee (1982)        |  1.465    0.791     2.713          17.00
Garcia (1989)     |  2.347    0.963     5.720           7.11
---------------+------------------------------------------------
M-H pooled RR     |  1.385    1.101     1.742         100.00
---------------+------------------------------------------------

   Heterogeneity chi-squared =    3.19 (d.f. = 4) p = 0.527
   I-squared (variation in RR attributable to heterogeneity) =   0.0%

   Test of RR=1 : z=   2.78 p = 0.005
```

图 1-2-9 Stata 中 *RR* 的合并效应量

或者,在 metan 命令的菜单模式中选择:

1. Main:在"Type of Data"中选择"Count"后,在"Vars for Counts"选择数据;在"Labels for Data"中选择 author 为"Name",year 为"Year"(图 1-2-11)。

2. Binary:在"Pooling Model"中选择"Fixed,Mantel-Haenszel";在"Statistic"中选择"RR"(图 1-2-12)。

点击"OK"后,Stata 就会将菜单中的选项转换为 metan 命令执行,得到和直接输入命令的同样结果。

(二)漏斗图

输入命令:metafunnel _ES _selogES。结果见图 1-2-13。

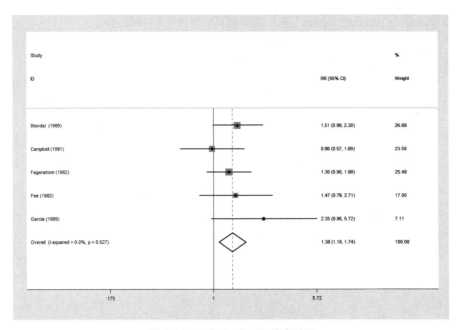

图 1-2-10 Stata 中 RR 的森林图

图 1-2-11 Stata 中 RR 的 Main 选项卡 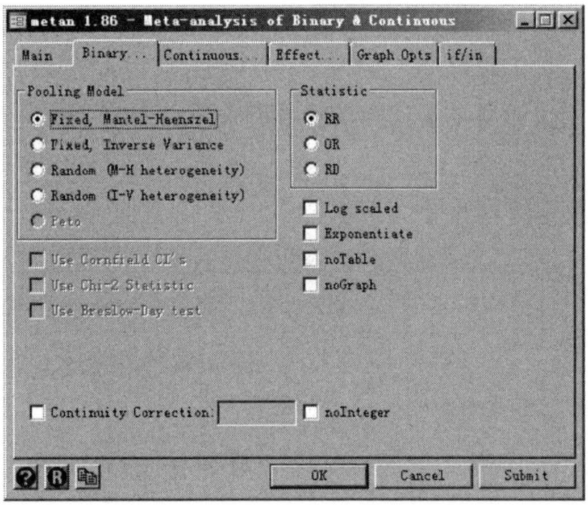　　图 1-2-12 Stata 中 RR 的 Binary 选项卡

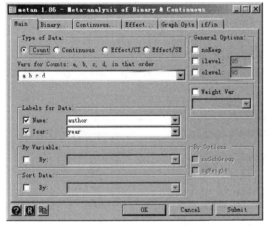

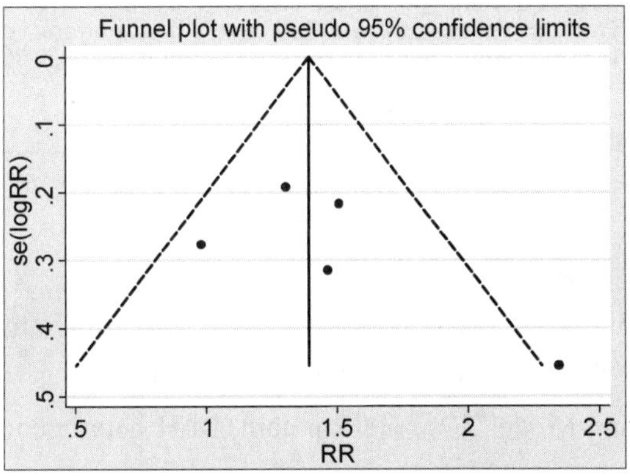

图 1-2-13 Stata 中 RR 的漏斗图

或者输入命令"db metafunnel"进入菜单模式,按如下顺序操作:

1. 在"Main"选项卡的"Type of Data"中选择"Theta, SE"。

2. 在下拉框中选中"_ES"和"_selogES"。

点击"OK"后,Stata 就会将菜单中的选项转换为 metafunnel 命令执行,得到和直接输入命令的同样结果。

三、率差 RD

实例数据见表 1-2-5。

表 1-2-5 在 Stata 中录入的 RD 数据

author	year	a	b	c	d
Hartman	1998	37	45	46	36
AHS	1998	76	105	101	80
ATBC	2001	21	25	20	27
CARET	2003	69	73	63	81
Weinstein	2005	43	61	40	66

（一）森林图

1. 点击菜单"Window/Data Editor",进入 Stata 的数据编辑器,按列输入数据。其中,author 表示研究名称,a 表示试验组发生事件数,b 表示试验组未发生事件数,c 表示对照组发生事件数,d 表示对照组未发生事件数。

2. 输入命令:metan a b c d, rd random label（namevar＝author, yearvar＝year）。结果如图 1-2-14、图 1-2-15 所示。

```
   Study      |   RD     [95% Conf. Interval]    % Weight
--------------+------------------------------------------
Hartman (1998) | -0.110   -0.262     0.042        17.88
AHS (1998)     | -0.138   -0.240    -0.036        25.56
ATBC (2001)    |  0.031   -0.171     0.233        12.65
CARET (2003)   |  0.048   -0.067     0.164        23.27
Weinstein (2005)| 0.036   -0.096     0.168        20.64
--------------+------------------------------------------
D+L pooled RD  | -0.032   -0.119     0.055       100.00
--------------+------------------------------------------

Heterogeneity chi-squared =     8.36 (d.f. = 4) p = 0.079
I-squared (variation in RD attributable to heterogeneity) =  52.2%
Estimate of between-study variance Tau-squared =  0.0050

Test of RD=0 : z=    0.73 p = 0.467
```

图 1-2-14 Stata 中 RD 的合并效应量

或者,在 metan 命令的菜单模式中选择:

1. Main:在"Type of Data"中选择"Count"后,在"Vars for Counts"选择数据;在"Labels for Data"中选择 author 为"Name", year 为"Year"（图 1-2-16）。

2. Binary:在"Pooling Model"中选择"Random（M-H heterogeneity）";在"Statistic"中选择"RD"（图 1-2-17）。

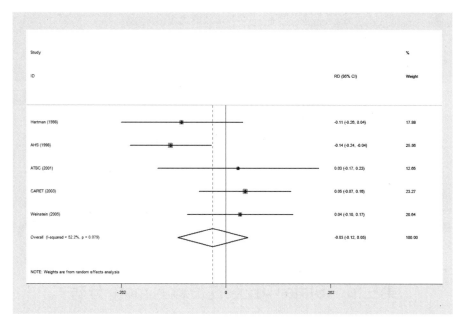

图 1-2-15　Stata 中 *RD* 的森林图

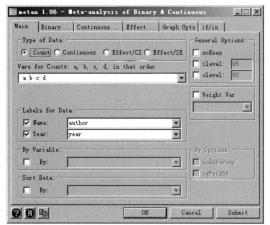

图 1-2-16　Stata 中 *RD* 的 Main 选项卡

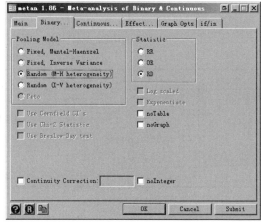

图 1-2-17　Stata 中 *RD* 的 Binary 选项卡

点击"OK"后，Stata 就会将菜单中的选项转换为 metan 命令执行，得到和直接输入命令的同样结果。

（二）漏斗图

输入命令：metafunnel _ES _seES。结果如图 1-2-18 所示。

或者输入命令"db metafunnel"进入菜单模式，按如下顺序操作：

1. 在"Main"选项卡的"Type of Data"中选择"Theta, SE"（图 1-2-19）。

2. 在下拉框中选中"_ES"和"_seES"（图 1-2-19）。

点击"OK"后，Stata 就会将菜单中的选项转换为 metafunnel 命令执行，得到和直接输入命令的同样结果。

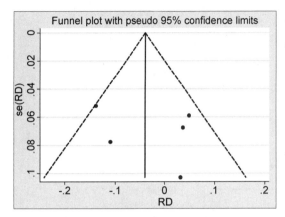

图 1-2-18　Stata 中 RD 的漏斗图

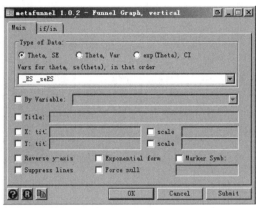

图 1-2-19　metafunnel 命令的菜单模式

第三节　Stata 中连续性资料的 meta 分析

本节使用表 1-1-8 和表 1-1-10 的数据。

一、加权均数差 WMD

实例数据见表 1-2-6。

表 1-2-6　在 Stata 中录入的 WMD 数据

study	n1	mean1	sd1	n2	mean2	sd2
1	134	5.96	4.24	113	4.72	4.72
2	175	4.74	4.64	151	5.07	5.38
3	137	2.04	2.59	140	2.51	3.22
4	184	2.70	2.32	179	3.20	2.46
5	174	6.09	4.86	169	5.81	5.14

（一）森林图

1. 点击菜单"Window/Data Editor"，进入 Stata 的数据编辑器，按列输入数据。其中，变量 study 表示纳入的研究，n1 表示试验组的样本含量，mean1 表示试验组的均数，sd1 表示试验组的标准差，n2 表示对照组的样本含量，mean2 表示对照组的均数，sd2 表示对照组的标准差。

2. 输入命令：metan n1 mean1 sd1 n2 mean2 sd2, nostandard random label（namevar＝study）。结果如图 1-2-20、图 1-2-21 所示。

或者，在 metan 命令的菜单模式中选择：

1. Main：在"Type of Data"中选择"Continuous"后，在"Vars for Exp Group"和"Vars for ControlGroup"选择数据；在"Labels for Data"中选择 study 为"Name"（图 1-2-22）。

2. Continuous：在"Pooling Model"中选择"Random（I-V heterogeneity）"；在"Statistic"中选择"noStandard"（图 1-2-23）。

```
            Study   |    WMD    [95% Conf. Interval]    % Weight
    ----------------+--------------------------------------------
    1               |   1.240     0.112      2.368        14.98
    2               |  -0.330    -1.430      0.770        15.45
    3               |  -0.470    -1.157      0.217        24.14
    4               |  -0.500    -0.992     -0.008        29.29
    5               |   0.280    -0.779      1.339        16.14
    ----------------+--------------------------------------------
    D+L pooled WMD  |  -0.080    -0.642      0.482       100.00
    ----------------+--------------------------------------------

    Heterogeneity chi-squared =    9.06 (d.f. = 4) p = 0.060
    I-squared (variation in WMD attributable to heterogeneity) =   55.9%
    Estimate of between-study variance Tau-squared =  0.2180

    Test of WMD=0 : z=   0.28 p = 0.781
```

图 1-2-20　Stata 中 *WMD* 的合并效应量

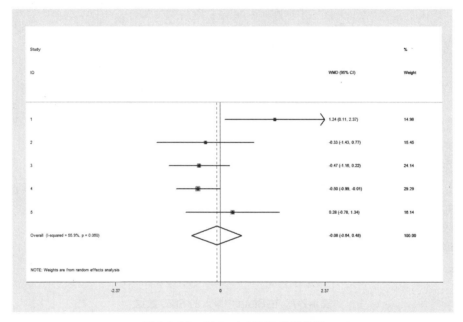

图 1-2-21　Stata 中 *WMD* 的森林图

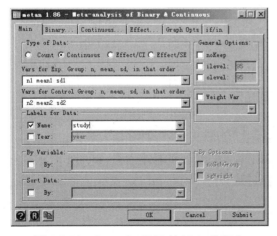

图 1-2-22　Stata 中 *WMD* 的 Main 选项卡

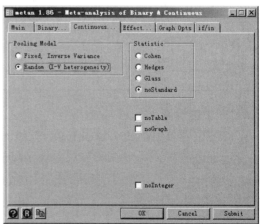

图 1-2-23　Stata 中 *WMD* 的 Continuous 选项卡

　　点击"OK"后，Stata 就会将菜单中的选项转换为 metan 命令执行，得到和直接输入命令的同样结果。

（二）漏斗图

　　输入命令：metafunnel _ES _seES。结果如图 1-2-24 所示。

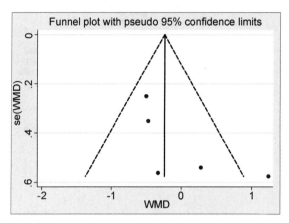

图 1-2-24　Stata 中 *WMD* 的漏斗图

　　或者输入命令"db metafunnel"进入菜单模式，按如下顺序操作：

　　1. 在"Main"选项卡的"Type of Data"中选择"Theta，SE"。

　　2. 在下拉框中选中"_ES"和"_seES"。

　　点击"OK"后，Stata 就会将菜单中的选项转换为 metafunnel 命令执行，得到和直接输入命令的同样结果。

二、标准均数差 *SMD*

　　实例数据见表 1-2-7。

表 1-2-7　在 Stata 中录入的 *SMD* 数据

author	year	n1	mean1	sd1	n2	mean2	sd2
Cabrera	1996	31	2.9	6.0	32	7.7	9.8
Cello	1997	24	20.8	3.2	25	20.1	4.6
Jalan	1997	31	23.2	15.0	27	31.2	19.0
Rossle	1997	61	27.0	17.0	65	34.0	28.0
Garcia	1999	22	20.9	20.2	24	14.3	18.7

（一）森林图

　　1. 点击菜单"Window/Data Editor"，进入 Stata 的数据编辑器，按列输入数据。其中，其中变量 author 表示纳入的研究，year 表示年份，n1 表示试验组的样本含量，mean1 表示试验组的均数，sd1 表示试验组的标准差，n2 表示对照组的样本含量，mean2 表示对照组的均数，sd2 表示对照组的标准差。

　　2. 输入命令：

　　● metan n1 mean1 sd1 n2 mean2 sd2，cohen random label（namevar = author， yearvar＝year）

结果如图1-2-25、图1-2-26所示。

```
      Study      |   SMD    [95% Conf. Interval]    % Weight
-----------------+-----------------------------------------------
Cabrera (1996)   | -0.589    -1.093    -0.084        19.78
Cello (1997)     |  0.176    -0.385     0.737        17.77
Jalan (1997)     | -0.471    -0.995     0.052        19.10
Rossle (1997)    | -0.300    -0.651     0.051        26.29
Garcia (1999)    |  0.340    -0.243     0.923        17.06
-----------------+-----------------------------------------------
D+L pooled SMD   | -0.196    -0.520     0.128       100.00
-----------------+-----------------------------------------------

Heterogeneity chi-squared =    8.59 (d.f. = 4) p = 0.072
I-squared (variation in SMD attributable to heterogeneity) =  53.4%
Estimate of between-study variance Tau-squared =  0.0719

Test of SMD=0 : z=   1.19 p = 0.236
```

图 1-2-25 Stata 中 Cohen 法 *WMD* 的合并效应量

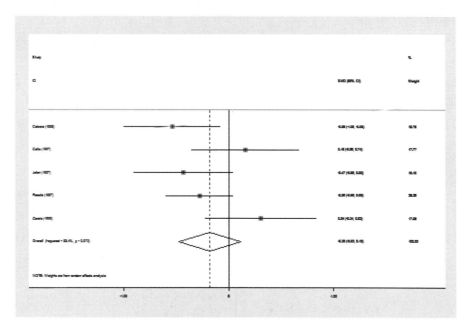

图 1-2-26 Stata 中 Cohen 法 *WMD* 的森林图

或者，在 metan 命令的菜单模式中选择：

1. Main：在"Type of Data"中选择"Continuous"后，在"Vars for Exp Group"和"Vars for ControlGroup"选择数据；在"Labels for Data"中选择 author 为"Name"，year 为"Year"（图1-2-27）。

2. Continuous：在"Pooling Model"中选择"Random（I-V heterogeneity）"；在"Statistic"中选择"Cohen"（图1-2-28）。

点击"OK"后，Stata 就会将菜单中的选项转换为 metan 命令执行，得到和直接输入命令的同样结果。

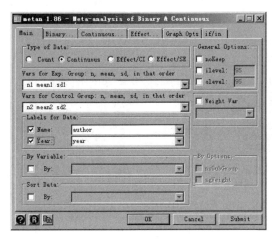

图 1-2-27　Stata 中 *SMD* 的 Main 选项卡

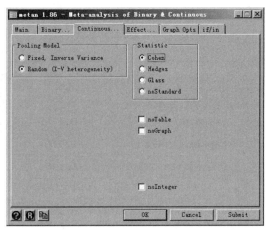

图 1-2-28　Stata 中 *SMD* 的 Continuous 选项卡

下面是使用 Hedges 法和 Glass 法计算 *SMD* 的 metan 命令。

● metan n1 mean1 sd1 n2 mean2 sd2, hedges random label(namevar = author, yearvar = year)

● metan n1 mean1 sd1 n2 mean2 sd2, glass random label(namevar = author, yearvar = year)

在 metan 命令的菜单模式中, 在图 1-2-22 中的"Statistic"中选择"Hedges"和"Glass"也会得到同样结果。

（二）漏斗图

输入命令: metafunnel _ES _seES。结果如图 1-2-29 所示。

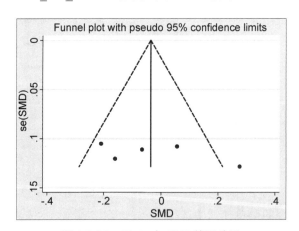

图 1-2-29　Stata 中 *SMD* 的漏斗图

或者输入命令"db metafunnel"进入菜单模式, 按下面顺序操作:

1. 在"Main"选项卡的"Type of Data"中选择"Theta, SE"。

2. 在下拉框中选中"_ES"和"_seES"。

点击"OK"后, Stata 就会将菜单中的选项转换为 metafunnel 命令执行, 得到和直接输入命令的同样结果。

第三章

R 软件的基础 meta 分析功能

第一节　R 软件的软件介绍

　　R 是一个自由、免费、源代码开放的软件,可用于统计计算和统计制图。R 软件虽然不收取任何费用,但是它的能力不比任何同类型商业软件差。R 软件基于 R 语言,最早由来自新西兰奥克兰大学的 Ross Ihaka 和 Robert Gentleman 开发(因此称为 R),现在则由"R 开发核心团队"负责开发。R 软件的功能也可以通过安装软件包(packages,用户撰写的功能)增强,R 软件中 meta 分析功能就是通过安装软件包(meta 包、rmeta 包等)实现的。R 软件的维护由 CRAN(Comprehensive R Archive Network)完成,它不仅提供 R 软件及其教程的下载,还收录了各种用户撰写的软件包。目前,全球有超过一百个 CRAN 镜像站,中国的 CRAN 镜像站设在北京和香港。有关 R 软件的动态可通过 R 新闻(R Newsletter)获得,R 新闻是一份免费的电子杂志,每年会出版两至三次,内容有关统计学软件发展及 R 语言开发资讯。

一、R 软件的下载与安装

(一)下载 R 软件

　　本书中 R 软件的最新版本为 2.13.0,于 2011 年 4 月 13 日发布,大小约为 37MB,适用于 Windows、Macintosh 和 Unix 平台计算机(包括 Linux)。

　　Windows 版下载地址:http://cran.r-project.org/bin/windows/base/

(二)安装 R 软件

　　双击"R-2.13.0-win"安装文件:

　　1. 在弹出窗口中,选择"中文(简体)"。

　　2. 在"欢迎使用 R for Windows 2.13.0 安装向导"弹出窗口中,点击"下一步"。

　　3. 在"信息"弹出窗口中,点击"下一步"。

　　4. 在"选择目标位置"弹出窗口中,①接受默认的安装目录"C:\Program Files\R\R-2.13.0";或者②点击"浏览…"后,选择一个文件夹,然后单击"确定"。点击"下一步"。

　　5. 在"选择组件"弹出窗口中,选择要安装的组件,清除不想安装的组件,然后点击"下一步"。

　　6. 在"Startup Option"弹出窗口中,①如不改变 R 软件的启动配置,选择"No(accept defaults)";或者②如要改变配置,选择"Yes(customized startup)"后,可对"Display Mode"、"Help Style"和"Internet Access"进行自定义;

　　7. 在"选择开始菜单文件夹"弹出窗口中,①如要在开始菜单中创建"R"的快捷方式,接受默认选项,直接点击"下一步";或者②如果不创建开始菜单的快捷方式,选中"禁止创建开始菜单文件夹"后,点击"下一步"。

8.在"选择附加任务"弹出窗口中,①如要在桌面上显示 R 软件的程序快捷方式,选中"创建桌面图标",同样地,如要在快速启动栏中显示 R 软件的程序快捷方式,选中"创建快速启动栏图标";或者②如果不需要在桌面上或创建桌面图标显示图标,则取消相应选项。点击"下一步"。

9.R 软件自动进行安装。

10.点击"完成",退出安装。

二、R 软件的界面

R 软件按默认选择安装好后,会在桌面上产生一个快捷图标**R**,在系统(Microsoft Windows)程序的开始菜单中也有快捷方式**R**。双击启动 R 软件,进入到 R 软件程序的主界面(图 1-3-1)。

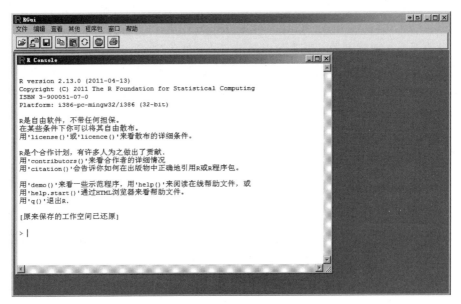

图 1-3-1 R 软件的界面

R 软件的界面主要由 3 部分组成,从上到下依次为:

● 菜单栏:共有"文件"、"编辑"、"查看"、"其他"、"程序包"、"窗口"和"帮助"等 7 个,各菜单除了一级菜单外,有的还有二级菜单,有的命令在使用过程中还会有新的对话框。

● 工具栏。

● R Console:R 软件的运行窗口。

三、R 软件的命令格式

R 软件中的操作几乎都靠执行命令来完成,命令的基本格式如下:

命令(数据,参数)

不同数据和参数之间使用逗号分隔。注意 R 软件中命令区别大小写,"X"和"x"被认为是不同的,且只识别英文标点符号。

R 软件可以将执行命令后的结果保存为一个新变量，比如

变量名 = 命令（数据，参数）

以便对 meta 分析结果进行进一步分析。

四、R 软件中 meta 分析模块的安装

R 软件中的 meta 分析模块主要通过安装 metafor 包、meta 包和 rmeta 包实现。metafor 包、meta 包和 rmeta 包都可使用固定效应模型和随机效应模型进行 meta 分析，生成森林图和漏斗图，还能对异质性和发表偏倚进行检验。

metafor 包的开发者是 Wolfgang Viechtbauer，最新版本为 1.6-0，于 2011 年 4 月 13 日发布；meta 包的开发者是 Guido Schwarzer，最新版本为 1.6-1，于 2010 年 10 月 28 日发布；rmeta 包的开发者是 Thomas Lumley，最新版本为 2.16，于 2009 年 9 月 29 日发布（表 1-3-1）。

表 1-3-1 metafor 包、meta 包和 rmeta 包的 meta 分析功能比较

		metafor	meta	rmeta
模型选择				
	固定效应模型	是	是	是
	随机效应模型	是	是	是
	异质性检验	多种	DL	DL
	Mantel-Haenszel 法	是	是	是
	Peto 法	是	是	否
图形绘制				
	森林图	是	是	是
	漏斗图	是	是	是
	雷达图	是	是	否
	L'Abbé 图	否	是	否
	Q-Q 图	是	否	否
调整分析				
	二分类变量调节	多种	单一	否
	连续性变量调节	多种	否	否
	混合效应模型	是	否	否
检验/可信区间				
	Knapp 和 Hartung 调整	是	否	否
	似然比检验	是	否	否
	Permutation 检验	是	否	否
其他				
	留一法分析	是	是	否
	影响诊断	是	否	否
	累计 meta 分析	是	是	是
	漏斗图对称性检验	是	是	是
	剪补法	是	是	否
	选择模型	否	是	否

（一）程序包的安装

下载地址：

- metafor 包：http://cran.r-project.org/web/packages/metafor/index.html
- meta 包：http://cran.r-project.org/web/packages/meta/index.html
- rmeta 包：http://cran.r-project.org/web/packages/rmeta/index.html

在 IE 中打开上述链接后，点击"Downloads"下"Windows binary"右边的"metafor_1.6-0. zip"、"meta_1.6-1.zip"和"rmeta_2.16.zip"。在弹出的对话框中将程序包"metafor_1.6-0.zip"、"meta_1.6-1.zip"和"rmeta_2.16.zip"保存到计算机上。

打开 R 软件后，点击菜单"程序包 / 从本地 zip 文件安装程序包"，在弹出的对话框"Select files"中选择保存在计算机上"metafor_1.6-0.zip"、"meta_1.6-1.zip"和"rmeta_2.16. zip"程序包，即可安装 metafor 包、meta 包和 rmeta 包。

在 R Console 中会显示：

- 程序包 'metafor' 打开成功，MD5 和检查也通过
- 程序包 'meta' 打开成功，MD5 和检查也通过
- 程序包 'rmeta' 打开成功，MD5 和检查也通过

或者按如下方式安装：

1. 连接到互联网。
2. 打开 R 软件，在 R Console 中输入 metafor 包、meta 包和 rmeta 包的安装命令：

- install.packages（"metafor"）
- install.packages（"meta"）
- install.packages（"rmeta"）

在"CRAN mirror"中选择"China（Beijing1）"、"China（Beijing 2）"或"China（Hong Kong）"，metafor 包、meta 包和 rmeta 包就会自动从 CRAN 的中国镜像下载安装。

（二）程序包的加载

因为每次打开 R 软件，R 软件的设置都会还原为默认配置，所以程序包安装完成后，使用前都必须进行程序包的加载。

点击菜单"程序包 / 加载程序包"，在弹出窗口中选择"metafor"、"meta"或"rmeta"程序包。亦可执行命令：

- library（"metafor"）
- library（"meta"）
- library（"rmeta"）

分别加载 metafor 包、meta 包或 rmeta 包。

五、R 软件中数据的录入和常用的命令

（一）数据的录入

数据的录入是进行分析的第一步，在 R Console 输入命令：

- dataname＝data.frame()
- fix（dataname）

在弹出的"数据编辑器"窗口中直接录入数据，也可以直接复制、粘贴数据。然后点击

自动产生的变量 var1，var2 等，在弹出的"变量编辑器"进行变量名称的修改。在"变量名"栏输入变量名称，在"类型"栏选择变量类型（numeric 或 character），输入完成后关闭"变量编辑器"窗口，完成变量名称的修改。

或者使用命令直接创建一个带有数据的表格：

● dataname=data.frame（var1=c（数据），var2=c（数据），⋯）

其中，dataname 为表格名称，data.frame 为创建表格的命令，var1、var2 等为表格中第一行标题名，c（数据）为每列中的数据，如数据类型为数值型，c=（1，2，3⋯），如数据类型为字符型，c=（"A"，"B"，"C"⋯）。

（二）常用的 meta 分析命令

R 软件中的三大 meta 分析程序包中，metafor 包的命令最多，也最复杂，能完成很多高级 meta 分析功能，而 meta 包的命令和 Stata 中的 metan 命令类似，易于使用，能方便地对二分类资料和连续性资料进行 meta 分析，并绘制森林图和漏斗图，rmeta 包中的命令则最少，主要能对二分类资料进行 meta 分析。命令格式如下：

meta 分析命令 数据，效应量 模型 研究名称

其中，数据的顺序不能改变，而参数（效应量、模型和研究名称）的顺序可以改变。

1. metafor 包

（1）二分类资料的 meta 分析命令

OR、RR 或 RD 值的固定效应模型：

● rma.mh（a，b，c，d，data=dataname，measure="OR"，slab=studyname）

● rma.mh（a，b，c，d，data=dataname，measure="RR"，slab=studyname）

● rma.mh（a，b，c，d，data=dataname，measure="RD"，slab=studyname）

rma.mh 表示使用 Mantel-Haenszel 法进行固定效应模型分析。其中，a 表示试验组发生事件数，b 表示试验组未发生事件数，c 表示对照组发生事件数，d 表示试验组未发生事件数；data=dataname 表示使用的表格数据；measure="OR"、measure="RR" 和 measure="RD" 表示合并效应量为 OR、RR 或 RD；slab=studyname 标记每个研究。

OR、RR 或 RD 值的随机效应模型：

● rma.uni（ai=a，bi=b，ci=c，di=d，data=dataname，measure="OR"，method="DL"，slab=studyname）

● rma.uni（ai=a，bi=b，ci=c，di=d，data=dataname，measure="RR"，method="DL"，slab=studyname）

● rma.uni（ai=a，bi=b，ci=c，di=d，data=dataname，measure="RD"，method="DL"，slab=studyname）

rma.uni 命令的参数 method="DL" 表示使用 DerSimonian-Laird 法进行随机效应模型分析。其中，ai=a 表示试验组发生事件数，bi=b 表示试验组未发生事件数，ci=c 表示对照组发生事件数，di= 表示试验组未发生事件数；data=dataname 表示使用的表格数据；measure="OR"、measure="RR" 和 measure="RD" 表示合并效应量为 OR、RR 或 RD；slab=studyname 标记每个研究。

（2）连续性资料的 meta 分析命令

WMD 或 SMD 值的固定效应模型：

- rma.uni（n1i = n1, n2i = n2, m1i = mean1, m2i = mean2, sd1i = sd1, sd2i = sd2, data = dataname, measure = "MD", method = "FE", slab = studyname）
- rma.uni（n1i = n1, n2i = n2, m1i = mean1, m2i = mean2, sd1i = sd1, sd2i = sd2, data = dataname, measure = "SMD", method = "FE", slab = studyname）

WMD 或 SMD 值的随机效应模型：

- rma.uni（n1i = n1, n2i = n2, m1i = mean1, m2i = mean2, sd1i = sd1, sd2i = sd2, data = dataname, measure = "MD", method = "DL", slab = studyname）
- rma.uni（n1i = n1, n2i = n2, m1i = mean1, m2i = mean2, sd1i = sd1, sd2i = sd2, data = dataname, measure = "SMD", method = "DL", slab = studyname）

rma.uni 命令的参数 method = "DL" 表示使用 DerSimonian-Laird 法进行随机效应模型分析。其中 n1i = n1 表示试验组的样本含量, n2i = n2 表示对照组的样本含量, m1i = mean1 表示试验组的均数, m2i = mean2 表示对照组的均数, sd1i = sd1 表示试验组的标准差, sd2i = sd2 表示对照组的标准差; data = dataname 表示使用的表格数据; measure = "MD" 和 measure = "SMD" 表示合并效应量为 *MD* 或 *SMD*; slab = studyname 标记每个研究。

2. meta 包

（1）二分类资料的 metabin 命令

OR、*RR* 或 *RD* 值的固定效应模型：

- metabin（a, n1, c, n2, data = dataname, sm = "OR", comb.fixed = TRUE, comb.random = FALSE, studlab = studyname）
- metabin（a, n1, c, n2, data = dataname, sm = "RR", comb.fixed = TRUE, comb.random = FALSE, studlab = studyname）
- metabin（a, n1, c, n2, data = dataname, sm = "RD", comb.fixed = TRUE, comb.random = FALSE, studlab = studyname）

OR、RR 或 RD 值的随机效应模型：

- metabin（a, n1, c, n2, data = dataname, sm = "OR", comb.fixed = FALSE, comb.random = TRUE, studlab = studyname）
- metabin（a, n1, c, n2, data = dataname, sm = "RR", comb.fixed = FALSE, comb.random = TRUE, studlab = studyname）
- metabin（a, n1, c, n2, data = dataname, sm = "RD", comb.fixed = FALSE, comb.random = TRUE, studlab = studyname）

其中, a 表示试验组发生事件数, n1 表示试验组总样本量, c 表示对照组发生事件数, n2 表示对照组总样本量; data = dataname 表示使用的表格数据; sm = "OR"、sm = "RR" 和 sm = "RD" 分别表示合并效应量为 *OR*、*RR* 或 *RD*; comb.fixed = TRUE, comb.random = FALSE 表示使用固定效应模型, comb.fixed = FALSE, comb.random = TRUE 表示使用随机效应模型; studlab = studyname 标记每个研究。

（2）连续性资料的 metacont 命令

WMD 或 *SMD* 值的固定效应模型：

- metacont（n1, mean1, sd1, n2, mean2, sd2, data = dataname, sm = "MD", comb.

fixed=TRUE, comb.random=FALSE, studlab=studyname）

● metacont（n1, mean1, sd1, n2, mean2, sd2, data=dataname, sm="SMD", comb. fixed=TRUE, comb.random=FALSE, studlab=studyname）

WMD 或 SMD 值的随机效应模型：

● metacont（n1, mean1, sd1, n2, mean2, sd2, data=dataname, sm="MD", comb. fixed=FALSE, comb.random=TRUE, studlab=studyname）

● metacont（n1, mean1, sd1, n2, mean2, sd2, data=dataname, sm="SMD", comb. fixed=FALSE, comb.random=TRUE, studlab=studyname）

其中，n1 表示试验组的样本含量，mean1 表示试验组的均数，sd1 表示试验组的标准差，n2 表示对照组的样本含量，mean2 表示对照组的均数，sd2 表示对照组的标准差；data=dataname 表示使用的表格数据；sm="MD" 和 sm="SMD" 表示合并效应量为 *WMD* 或 *SMD*；comb.fixed=TRUE, comb.random=FALSE 表示使用固定效应模型，comb. fixed=FALSE, comb.random=TRUE 表示使用随机效应模型；studlab=studyname 标记每个研究。

3. rmeta 包

（1）二分类资料的 meta 分析命令

OR 或 *RR* 的固定效应模型 meta.MH 命令：

● meta.MH（n1, n2, a, c, data=dataname, names=studyname, statistic="OR"）

● meta.MH（n1, n2, a, c, data=dataname, names=studyname, statistic="RR"）

meta.MH 表示使用 Mantel-Haenszel 法进行固定效应模型分析。其中，n1 表示试验组总样本量，n2 表示对照组总样本量，a 表示试验组发生事件数，c 表示对照组发生事件数；data=dataname 表示使用的表格数据；statistic="OR" 和 statistic="RR" 表示合并效应量为 OR 或 RR；, names=studyname 标记每个研究。

OR 或 *RR* 的随机效应模型 meta.DSL 命令：

● meta.DSL（n1, n2, a, c, data=dataname, names=studyname, statistic="OR"）

● meta.DSL（n1, n2, a, c, data=dataname, names=studyname, statistic="RR"）

meta.DSL 表示使用 DerSimonian-Laird 法进行随机效应模型分析。其中，n1 表示试验组总样本量，n2 表示对照组总样本量，a 表示试验组发生事件数，c 表示对照组发生事件数；data=dataname 表示使用的表格数据；statistic="OR" 和 statistic="RR" 表示合并效应量为 *OR* 或 *RR*；, names=studyname 标记每个研究。

（2）连续性资料的 meta 分析命令：无。

第二节　R 软件中二分类资料的 meta 分析

本节使用表 1-1-2、表 1-1-4 和表 1-1-6 的数据。

一、比值比 *OR*

实例数据见表 1-3-2。

表 1-3-2 在 R 软件中录入的 OR 数据

study	a	b	n1	c	d	n2
Lu 2003	11	41	52	26	30	56
Wang 2001	2	28	30	8	22	30
Shen 2003	13	29	42	21	19	40
Gu 2004	26	34	60	39	21	60
Ma 1999	20	30	50	33	17	50

1. 在 R 软件中创建一个名为"ror"的表格并输入数据，在 R Console 输入命令：

● ror = data.frame()

● fix（ror）

进入 R 软件的数据编辑器，按列输入数据。其中，study 表示研究名称，a 表示试验组发生事件数，b 表示试验组未发生事件数，n1 表示试验组总样本量，c 表示对照组发生事件数，d 表示试验组未发生事件数，n2 表示对照组总样本量。

或者直接创建一个数据表格"ror"，输入命令：

● ror = data.frame（study = c（"Lu 2003", "Wang 2001", "Shen 2003", "Gu 2004", "Ma 1999"），a = c（11, 2, 13, 26, 20），b = c（41, 28, 29, 34, 30），n1 = c（52, 30, 42, 60, 50），c = c（26, 8, 21, 39, 33），d = c（30, 22, 19, 21, 17），n2 = c（56, 30, 40, 60, 50））

2. 输入 meta 分析命令（图 1-3-2）

（1）metafor 包：

● library（"metafor"）

● metaror = rma.mh（a, b, c, d, data = ror, measure = "OR", slab = study）

● metaror

```
Fixed-Effects Model (k = 5)

Test for Heterogeneity:
Q(df = 4) = 0.8432, p-val = 0.9326

Model Results (log scale):

estimate        se      zval      pval      ci.lb      ci.ub
 -1.0459    0.2018   -5.1832    <.0001    -1.4414    -0.6504

Model Results (OR scale):

estimate     ci.lb     ci.ub
  0.3514    0.2366    0.5218

Cochran-Mantel-Haenszel Test:      CMH = 26.3805, df = 1, p-val < .0001
Tarone's Test for Heterogeneity:   X^2 = 0.8532, df = 4, p-val = 0.9312
```

图 1-3-2 R 软件中 metafor 包 OR 的合并效应量

● forest（metaror, transf = exp）（图 1-3-3）。

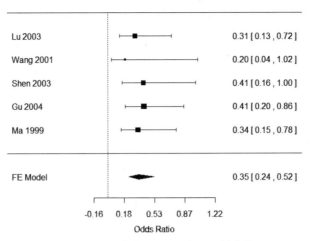

图 1-3-3　R 软件中 metafor 包 *OR* 的森林图

- funnel（metaror）（图 1-3-4）

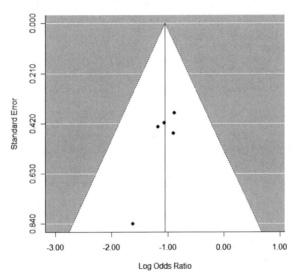

图 1-3-4　R 软件中 metafor 包 *OR* 的漏斗图

（2）meta 包（图 1-3-5）：

- library（"meta"）
- metaror = metabin（a，n1，c，n2，data = ror，sm = "OR"，comb.fixed = TRUE，comb.random = FALSE，studlab = study）
- metaror
- forest（metaror）（图 1-3-6）
- funnel（metaror）（图 1-3-7）

```
                  OR                 95%-CI  %W(fixed)
Lu 2003    0.3096  [0.1326; 0.7227]     23.51
Wang 2001  0.1964  [0.0378; 1.0198]      8.89
Shen 2003  0.4056  [0.1646; 0.9993]     17.69
Gu 2004    0.4118  [0.1972; 0.8599]     26.32
Ma 1999    0.3434  [0.1522; 0.7751]     23.58


Number of trials combined: 5


                     OR          95%-CI        z  p.value
Fixed effect model 0.3514  [0.2366; 0.5218] -5.1832 < 0.0001


Quantifying heterogeneity:
tau^2 < 0.0001; H = 1 [1; 1.01]; I^2 = 0% [0%; 1.3%]


Test of heterogeneity:
   Q d.f.  p.value
 0.84   4   0.9326


Method: Mantel-Haenszel method
```

图 1-3-5　R 软件中 meta 包 *OR* 的合并效应量

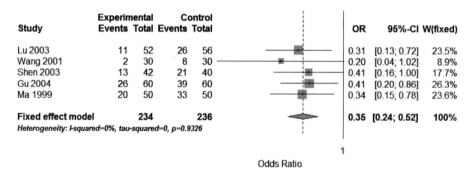

图 1-3-6　R 软件中 meta 包 *OR* 的森林图

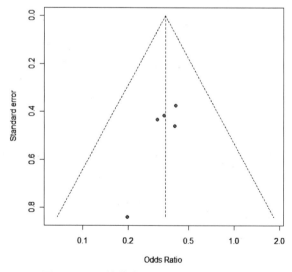

图 1-3-7　R 软件中 meta 包 *OR* 的漏斗图

（3）rmeta 包（图 1-3-8）：

- library（"rmeta"）
- metaror = meta.MH（n1，n2，a，c，data = ror，names = study，statistic = "OR"）
- summary（metaror）

```
Fixed effects ( Mantel-Haenszel ) meta-analysis
Call: meta.MH(ntrt = n1, nctrl = n2, ptrt = a, pctrl = c, names = study,
     data = ror, statistic = "OR")
-----------------------------------
          OR (lower  95% upper)
Lu 2003   0.31     0.13     0.72
Wang 2001 0.20     0.04     1.02
Shen 2003 0.41     0.16     1.00
Gu 2004   0.41     0.20     0.86
Ma 1999   0.34     0.15     0.78
-----------------------------------
Mantel-Haenszel OR =0.35 95% CI ( 0.24,0.52 )
Test for heterogeneity: X^2( 4 ) = 0.84 ( p-value 0.9326 )
```

图 1-3-8　R 软件中 rmeta 包 *OR* 的合并效应量

- plot（metaror）（图 1-3-9）
- funnelplot（metaror）（图 1-3-10）

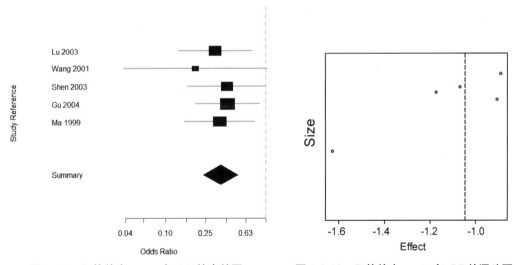

图 1-3-9　R 软件中 rmeta 包 *OR* 的森林图　　图 1-3-10　R 软件中 rmeta 包 *OR* 的漏斗图

二、相对危险度 *RR*

实例数据见表 1-3-3。

表 1-3-3 在 R 软件中录入的 *RR* 数据

study	a	b	n1	c	d	n2
Blondal 1989	37	55	92	24	55	90
Campbell 1991	21	86	107	21	86	105
Fagerstrom 1982	30	20	50	23	20	50
Fee 1982	23	157	180	15	157	172
Garcia 1989	21	47	68	5	47	38

1. 在 R 软件中创建一个名为"rrr"的表格并输入数据，在 R Console 输入命令：

- rrr＝data.frame()
- fix（rrr）

进入 R 软件的数据编辑器，按列输入数据。其中，study 表示纳入的研究，a 表示试验组发生事件数，b 表示试验组未发生事件数，n1 表示试验组总样本量，c 表示对照组发生事件数，d 表示试验组未发生事件数，n2 表示对照组总样本量。

或者直接创建一个数据表格"rrr"，输入命令：

- rrr＝data.frame（study＝c（"Blondal 1989", "Campbell 1991", "Fagerstrom 1982", "Fee 1982", "Garcia1989"），a＝c（37, 21, 30, 23, 21），b＝c（55, 86, 20, 157, 47），n1＝c（92, 107, 50, 180, 68），c＝c（24, 21, 23, 15, 5），d＝c（55, 86, 20, 157, 47），n2＝c（90, 105, 50, 172, 38））

2. 输入命令

（1）metafor 包（图 1-3-11）：

- library（"metafor"）
- metarrr＝rma.mh（a, b, c, d, data＝rrr, measure＝"RR", slab＝study）
- metarrr

```
Fixed-Effects Model (k = 5)

Test for Heterogeneity:
Q(df = 4) = 5.6916, p-val = 0.2234

Model Results (log scale):

estimate        se      zval       pval     ci.lb     ci.ub
  0.2892    0.1155    2.5030     0.0123    0.0627    0.5157

Model Results (RR scale):

estimate     ci.lb     ci.ub
  1.3354    1.0648    1.6748
```

图 1-3-11 R 软件中 metafor 包 *RR* 的合并效应量

- forest（metarrr, transf＝exp）（图 1-3-12）
- funnel（metarrr）（图 1-3-13）

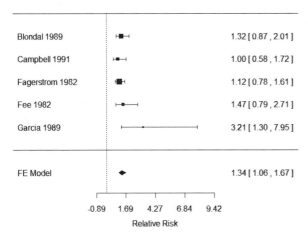

图 1-3-12　R 软件中 metafor 包的 *RR* 森林图

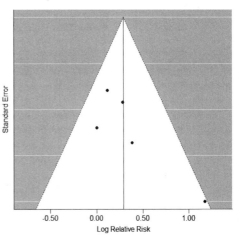

图 1-3-13　R 软件中 metafor 包 *RR* 的漏斗图

（2）meta 包（图 1-3-14）：

● library（"meta"）

● metarrr = metabin（a，n1，c，n2，data = rrr，sm = "RR"，comb.fixed = TRUE，comb.random = FALSE，studlab = study）

● metarrr

```
                     RR            95%-CI  %W(fixed)
Blondal 1989      1.5082   [0.9874; 2.3037]     26.89
Campbell 1991     0.9813   [0.5709; 1.6867]     23.50
Fagerstrom 1982   1.3043   [0.8955; 1.8998]     25.49
Fee 1982          1.4652   [0.7914; 2.7128]     17.00
Garcia 1989       2.3471   [0.9630; 5.7203]      7.11

Number of trials combined: 5

                        RR          95%-CI        z   p.value
Fixed effect model  1.3847   [1.1008; 1.742]  2.7797    0.0054

Quantifying heterogeneity:
tau^2 < 0.0001; H = 1 [1; 1.96]; I^2 = 0% [0%; 73.9%]

Test of heterogeneity:
   Q d.f.  p.value
 3.19    4   0.5272

Method: Mantel-Haenszel method
```

图 1-3-14　R 软件中 meta 包 *RR* 的合并效应量

● forest（metarrr）（图 1-3-15）

● funnel（metarrr）（图 1-3-16）

（3）rmeta 包（图 1-3-17）：

● library（"rmeta"）

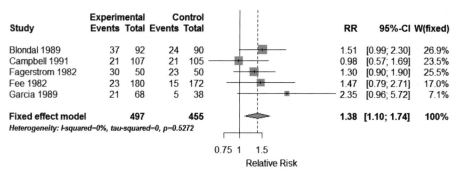

图 1-3-15 R 软件中 meta 包 *RR* 的森林图

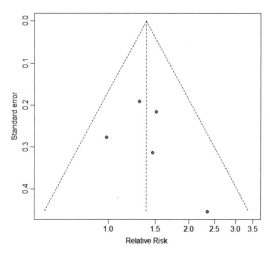

图 1-3-16 R 软件中 meta 包 *RR* 漏斗图

```
Fixed effects ( Mantel-Haenszel ) meta-analysis
Call: meta.MH(ntrt = n1, nctrl = n2, ptrt = a, pctrl = c, names = study,
    data = rrr, statistic = "RR")
------------------------------------
                    RR (lower  95% upper)
Blondal 1989       1.51   0.99      2.30
Campbell 1991      0.98   0.57      1.69
Fagerstrom 1982    1.30   0.90      1.90
Fee 1982           1.47   0.79      2.71
Garcia 1989        2.35   0.96      5.72
------------------------------------
Mantel-Haenszel RR =1.38 95% CI ( 1.1,1.74 )
Test for heterogeneity: X^2( 4 ) = 3.19 ( p-value 0.5272 )
```

图 1-3-17 R 软件中 rmeta 包 *RR* 的合并效应量

- metarrr = meta.MH（n1，n2，a，c，data = rrr，names = study，statistic = "RR"）
- summary（metarrr）
- plot（metarrr）（图 1-3-18）
- funnelplot（metaror）（图 1-3-19）

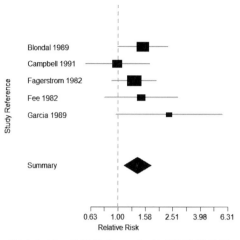

图 1-3-18　R 软件中 rmeta 包 *RR* 的森林图

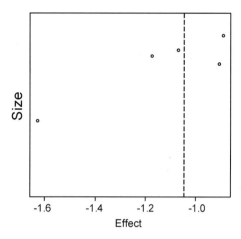

图 1-3-19　R 软件中 rmeta 包 *RR* 的漏斗图

三、率差 *RD*

实例数据见表 1-3-4。

表 1-3-4　在 R 软件中录入的 *RD* 数据

study	a	b	n1	c	d	n2
Hartman 1998	37	45	82	46	36	82
AHS 1998	76	105	181	101	80	181
ATBC 2001	21	25	46	20	27	47
CARET 2003	69	73	142	63	81	144
Weinstein 2005	43	61	104	40	66	106

1. 在 R 软件中创建一个名为"rrd"的表格并输入数据，在 R Console 输入命令：

● rrd = data.frame()

● fix（rrd）

进入 R 软件的数据编辑器，按列输入数据。其中，study 表示纳入的研究，a 表示试验组发生事件数，b 表示试验组未发生事件数，n1 表示试验组总样本量，c 表示对照组发生事件数，d 表示试验组未发生事件数，n2 表示对照组总样本量。

或者直接创建一个数据表格"rrd"，输入命令：

● rrd = data.frame（study = c（"Hartman 1998", "AHS 1998", "ATBC 2001", "CARET 2003", "Weinstein 2005"），a = c（37, 76, 21, 69, 43），b = c（45, 105, 25, 73, 61），n1 = c（82, 181, 46, 142, 104），c = c（46, 101, 20, 63, 40），d = c（36, 80, 27, 81, 66），n2 = c（82, 181, 47, 144, 106））

2. 输入命令

（1）metafor 包（图 1-3-20）：

● library（"metafor"）

● metarrd = rma.uni（ai = a，bi = b，ci = c，di = d，data = rrd，measure = "RD"，method = "DL"，slab = study）

● metarrd

```
Random-Effects Model (k = 5; tau^2 estimator: DL)

tau^2 (estimate of total amount of heterogeneity): 0.0050
tau (sqrt of the estimate of total heterogeneity): 0.0708
I^2 (% of total variability due to heterogeneity): 52.18%
H^2 (total variability / sampling variability):    2.09

Test for Heterogeneity:
Q(df = 4) = 8.3646, p-val = 0.0791

Model Results:

estimate      se     zval      pval     ci.lb     ci.ub
 -0.0323   0.0444  -0.7269    0.4673   -0.1194    0.0548


---
Signif. codes:  0 '***' 0.001 '**' 0.01 '*' 0.05 '.' 0.1 ' ' 1
```

图 1-3-20　R 软件中 metafor 包 *RD* 的合并效应量

● forest（metarrd）（图 1-3-21）

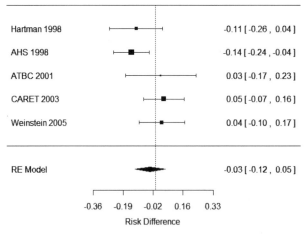

图 1-3-21　R 软件中 metafor 包 *RD* 的森林图

● funnel（metarrd）（图 1-3-22）

（2）meta 包（图 1-3-23）：

● library（"meta"）

● metarrd = metabin（a，n1，c，n2，data = rrd，sm = "RD"，comb.fixed = FALSE，comb.random = TRUE，studlab = study）

● metarrd

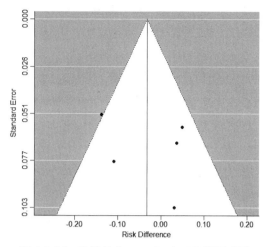

图 1-3-22　R 软件中 metafor 包 *RR* 的漏斗图

```
                       RD              95%-CI  %W(random)
Hartman 1998    -0.1098  [-0.2619;  0.0424]      17.88
AHS 1998        -0.1381  [-0.2401; -0.0361]      25.56
ATBC 2001        0.0310  [-0.1708;  0.2327]      12.65
CARET 2003       0.0484  [-0.0670;  0.1638]      23.27
Weinstein 2005   0.0361  [-0.0961;  0.1683]      20.64


Number of trials combined: 5


                          RD           95%-CI        z   p.value
Random effects model -0.0323  [-0.1194; 0.0548] -0.7269   0.4673

Quantifying heterogeneity:
tau^2 = 0.0050; H = 1.45 [1; 2.39]; I^2 = 52.2% [0%; 82.4%]

Test of heterogeneity:
    Q d.f.  p.value
 8.36    4   0.0791


Method: Mantel-Haenszel method
```

图 1-3-23　R 软件中 meta 包 *RD* 的合并效应量

- forest（metarrd）（图 1-3-24）

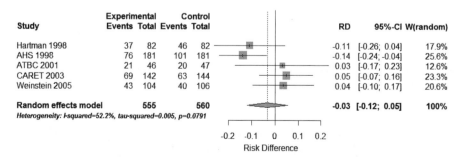

图 1-3-24　R 软件中 meta 包 *RD* 的森林图

- funnel（metarrd）（图 1-3-25）

（3）rmeta 包：没有提供相应命令。

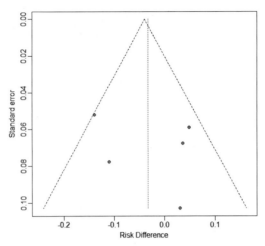

图 1-3-25　R 软件中 meta 包 *RD* 的漏斗图

第三节　R 软件中连续性资料的 meta 分析

本节使用表 1-1-8 和表 1-1-10 的数据。

一、加权均数差 *WMD*

实例数据见表 1-3-5。

表 1-3-5　在 R 软件中录入的 WMD 数据

study	n1	mean1	sd1	n2	mean2	sd2
1	134	5.96	4.24	113	4.72	4.72
2	175	4.74	4.64	151	5.07	5.38
3	137	2.04	2.59	140	2.51	3.22
4	184	2.70	2.32	179	3.20	2.46
5	174	6.09	4.86	169	5.81	5.14

1. 在 R 软件中创建一个名为"rwmd"的表格并输入数据，在 R Console 输入命令：
- rwmd＝data.frame()
- fix（rwmd）

进入 R 软件的数据编辑器，按列输入数据。其中，变量 study 表示纳入的研究，n1 表示试验组的样本含量，mean1 表示试验组的均数，sd1 表示试验组的标准差，n2 表示对照组的样本含量，mean2 表示对照组的均数，sd2 表示对照组的标准差。

或者直接创建一个数据表格"rrd"，输入命令：
- rwmd＝data.frame（study＝c（"1"，"2"，"3"，"4"，"5"），n1＝c（134，175，137，184，174），mean1＝c（5.96，4.74，2.04，2.70，6.09），sd1＝c（4.24，4.64，2.59，2.32，4.68），n2＝c（113，151，140，179，169），mean2＝c（4.72，5.07，2.51，3.20，5.81），sd2＝c（4.72，5.38，3.22，2.46，5.14））

2. 输入命令

（1）metafor 包（图 1-3-26）：
- library（"metafor"）

- metarwmd = rma.uni（n1i = n1，n2i = n2，m1i = mean1，m2i = mean2，sd1i = sd1，sd2i = sd2，data = rwmd，measure = "MD"，method = "FE"，slab = study）
- metarwmd

```
Random-Effects Model (k = 5; tau^2 estimator: DL)

tau^2 (estimate of total amount of heterogeneity): 0.2181
tau (sqrt of the estimate of total heterogeneity): 0.4670
I^2 (% of total variability due to heterogeneity): 56.03%
H^2 (total variability / sampling variability):    2.27

Test for Heterogeneity:
Q(df = 4) = 9.0971, p-val = 0.0587

Model Results:

estimate       se      zval      pval    ci.lb     ci.ub
 -0.0787   0.2865   -0.2747    0.7836   -0.6402   0.4828

---
Signif. codes:  0 '***' 0.001 '**' 0.01 '*' 0.05 '.' 0.1 ' ' 1
```

图 1-3-26　R 软件中 metafor 包 *WMD* 的合并效应量

- forest（metarwmd）（图 1-3-27）
- funnel（metarwmd）（图 1-3-28）

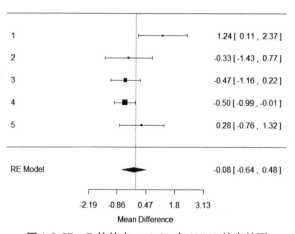

图 1-3-27　R 软件中 metafor 包 *WMD* 的森林图

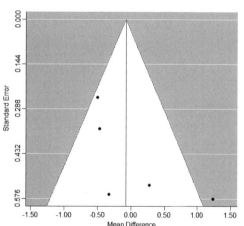

图 1-3-28　R 软件中 metafor 包 *WMD* 的漏斗图

（2）meta 包（图 1-3-29）：

- library（"meta"）
- metarwmd = metacont（n1，mean1，sd1，n2，mean2，sd2，data = rwmd，sm = "MD"，comb.fixed = FALSE，comb.random = TRUE，studlab = study）
- metarwmd
- forest（metarwmd）（图 1-3-30）

```
      MD               95%-CI  %W(random)
1  1.24  [ 0.1118;  2.3682]     14.94
2 -0.33  [-1.4295;  0.7695]     15.40
3 -0.47  [-1.1575;  0.2175]     24.06
4 -0.50  [-0.9922; -0.0078]     29.19
5  0.28  [-0.7612;  1.3212]     16.41

Number of trials combined: 5

                          MD          95%-CI       z  p.value
Random effects model -0.0787  [-0.6402; 0.4828] -0.2747   0.7836

Quantifying heterogeneity:
tau^2 = 0.2181; H = 1.51 [1; 2.48]; I^2 = 56% [0%; 83.7%]

Test of heterogeneity:
  Q d.f.  p.value
 9.1   4   0.0587

Method: Inverse variance method
```

图 1-3-29　R 软件中 meta 包 *WMD* 的合并效应量

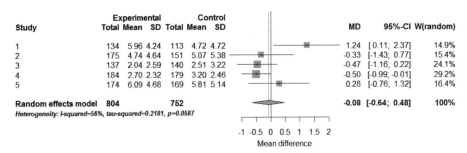

图 1-3-30　R 软件中 meta 包 *WMD* 的森林图

● funnel（metarwmd）（图 1-3-31）

（3）rmeta 包：没有提供相应命令。

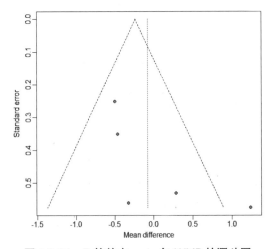

图 1-3-31　R 软件中 meta 包 *WMD* 的漏斗图

二、标准均数差 *SMD*

实例数据见表 1-3-6。

表 1-3-6 在 R 软件中录入的 *SMD* 数据

study	n1	mean1	sd1	n2	mean2	sd2
Cabrera 1996	31	2.9	6.0	32	7.7	9.8
Cello 1997	24	20.8	3.2	25	20.1	4.6
Jalan 1997	31	23.2	15.0	27	31.2	19.0
Rossle 1997	61	27.0	17.0	65	34.0	28.0
Garcia 1999	22	20.9	20.2	24	14.3	18.7

1. 在 R 软件中创建一个名为"rsmd"的表格并输入数据,在 R Console 输入命令:

● rsmd = data.frame()

● fix(rsmd)

进入 R 软件的数据编辑器,按列输入数据。其中,变量 study 表示纳入的研究,n1 表示试验组的样本含量,mean1 表示试验组的均数,sd1 表示试验组的标准差,n2 表示对照组的样本含量,mean2 表示对照组的均数,sd2 表示对照组的标准差。

2. 输入命令

(1) metafor 包(图 1-3-32):

● library("metafor")

● metarsmd = rma.uni(n1i = n1,n2i = n2,m1i = mean1,m2i = mean2,sd1i = sd1,sd2i = sd2,data = rsmd,measure = "SMD",method = "DL",slab = study)

● metarsmd

```
Random-Effects Model (k = 5; tau^2 estimator: DL)

tau^2 (estimate of total amount of heterogeneity): 0.0683
tau (sqrt of the estimate of total heterogeneity): 0.2614
I^2 (% of total variability due to heterogeneity): 52.17%
H^2 (total variability / sampling variability):    2.09

Test for Heterogeneity:
Q(df = 4) = 8.3631, p-val = 0.0791

Model Results:

estimate      se     zval     pval     ci.lb     ci.ub
 -0.1952   0.1631  -1.1970   0.2313   -0.5149   0.1244


---
Signif. codes:  0 '***' 0.001 '**' 0.01 '*' 0.05 '.' 0.1 ' ' 1
```

图 1-3-32 R 软件中 metafor 包 *SMD* 的合并效应量

● forest(metarsmd)(图 1-3-33)

● funnel(metarsmd)(图 1-3-34)

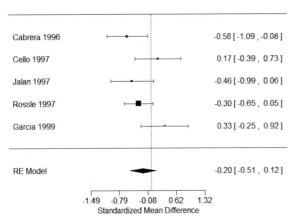

图 1-3-33 R 软件中 metafor 包 *SMD* 的森林图

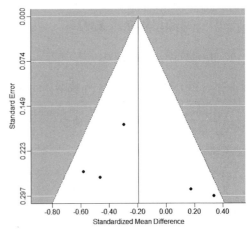

图 1-3-34 R 软件中 metafor 包 *SMD* 的漏斗图

（2）meta 包（图 1-3-35）：

● library（"meta"）

● metarsmd＝metacont（n1，mean1，sd1，n2，mean2，sd2，data＝rsmd，sm＝"SMD"，comb.fixed＝FALSE，comb.random＝TRUE，studlab＝study）

● metarsmd

```
                    SMD              95%-CI %W(random)
Cabrera 1996  -0.5813  [-1.0862; -0.0764]      19.76
Cello 1997     0.1732  [-0.3881;  0.7344]      17.70
Jalan 1997    -0.4649  [-0.9883;  0.0584]      19.06
Rossle 1997   -0.2982  [-0.6496;  0.0532]      26.50
Garcia 1999    0.3339  [-0.2490;  0.9167]      16.98

Number of trials combined: 5

                        SMD         95%-CI       z  p.value
Random effects model -0.1952  [-0.5148; 0.1245] -1.1967   0.2314

Quantifying heterogeneity:
tau^2 = 0.0682; H = 1.44 [1; 2.38]; I^2 = 52.1% [0%; 82.4%]

Test of heterogeneity:
    Q d.f.  p.value
 8.35    4   0.0795

Method: Inverse variance method
```

图 1-3-35 R 软件中 meta 包 *SMD* 的合并效应量

● forest（metarsmd）（图 1-3-36）

● funnel（metarsmd）（图 1-3-37）

（3）rmeta 包：没有提供相应命令。

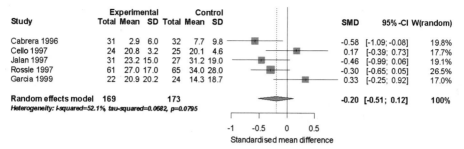

图 1-3-36 R 软件中 meta 包 *SMD* 的森林图

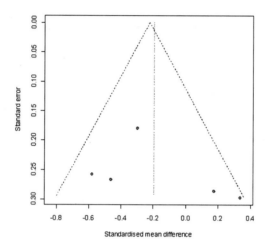

图 1-3-37 R 软件中 meta 包 *SMD* 的漏斗图

meta 分析中数据的提取与转换

第一节　Review Manager 中数据的提取与转换

新创建一个任务后，首先需要选择数据类型（图 1-4-1）。

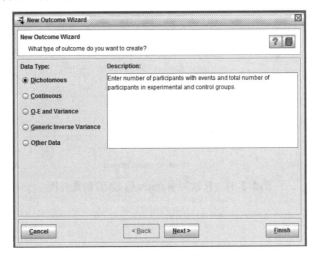

图 1-4-1　RevMan 中的数据类型

一、二分类变量法（"Dichotomous"）

（一）RR、OR 和 RD 的计算公式

二分类变量法（"Dichotomous"）需要提取四格表资料（表 1-4-1），即干预组发生事件的人数 S_E 和干预组的样本量 N_E 以及对照组发生事件的人数 S_C 和对照组的样本量 N_C。

表 1-4-1　二分类变量法提取的数据

	发生事件人数	未发生事件人数	样本量
干预组	S_E	F_E	N_E
对照组	S_C	F_C	N_C

风险比（risk ratio, RR）、优势比（odds ratio, OR）和风险差（risk difference, RD）的计算公式如下：

$$RR = (S_E / N_E) / (S_C / N_E)$$
$$OR = (S_E / F_E) / (S_C / F_C) = S_E F_C / F_E S_C$$
$$RD = (S_E / N_E) - (S_C / N_E)$$

（二）二分类变量法计算器

在RevMan中：

1. 右键单击"Data and analyses"，在弹出菜单中选择第一项"Add Comparison"，弹出"New Comparison Wizard"向导窗口。"Name"可不输入比较名称，点击"Finish"完成比较的添加。

2. 在比较名称"New Comparison"上右键单击，在弹出菜单中选择第一项"Add Outcome"，弹出"New Outcome Wizard"向导窗口。在"Data Type"中选择"Dichotomous"后，点击"Finish"完成该结局指标的添加。

3. 点击表格上方的 ▦，弹出"Calculator"。其中，a 为 S_E，b 为 F_E，N1 为 N_E，c 为 S_C，d 为 F_C，N2 为 N_C。输入相应数据后，可自动计算 RR、OR 和 RD。其中绿色框中的数据为所需提取到表格中的数据（图1-4-2）。

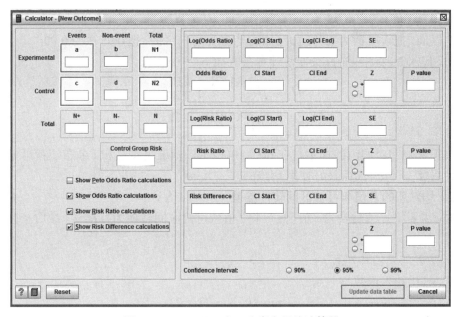

图1-4-2　RevMan中二分类变量的计算器

二、连续性变量法（"Continuous"）

连续性变量法（"Continuous"）需要分别提取干预组和对照组的样本量（N_E 和 N_C），发生事件人数的平均值及其标准差（M_E、M_C、SD_E、SD_C）（表1-4-2）。

表1-4-2　连续性变量法提取的数据

	样本量	均数	标准差
干预组	N_E	M_E	SD_E
对照组	N_C	M_C	SD_C

（一）均数的标准误转标准差

如只知干预组和对照组内的标准误，计算标准差的公式如下：

$$SD_E = SE_E \sqrt{N_E}$$
$$SD_C = SE_C \sqrt{N_C}$$

（二）均数的可信区间转标准差

如已知干预组和对照组内的平均值（M_E、M_C）的 95% 可信区间（上限 *UCI* 和下限 *LCI*），且干预组和对照组的样本量均大于 100，标准差的标准正态分布法计算公式如下：

$$SD_E = \sqrt{N_E \frac{(UCI_E - LCI_E)}{3.92}}$$
$$SD_C = \sqrt{N_C \frac{(UCI_C - LCI_C)}{3.92}}$$

如已知的是 99% 可信区间，把 3.92 改为 5.15，如已知的是 90% 可信区间，把 3.92 改为 3.29。

如果干预组和对照组的样本量均小于 60，需要先计算 *t* 值，在 Excel 中输入函数

$$= tinv(1 - 0.95, N - 1)$$

即可得到 *t* 值，其中 0.95 为 95% 置信区间，*N* 为样本量，$N - 1$ 为自由度。如已知的是 99% 可信区间，把 0.95 改为 0.99，如已知的是 90% 可信区间，把 0.95 改为 0.90。

此时，代入 $2t$，标准差的 *t* 分布法计算公式如下：

$$SD_E = \sqrt{N_E \frac{(UCI_E - LCI_E)}{2t}}$$
$$SD_C = \sqrt{N_C \frac{(UCI_C - LCI_C)}{2t}}$$

如果干预组和对照组的样本量在 60～100 之间，标准正态法和 *t* 分布法皆可使用。如不确定使用哪一种更合适，最好使用 *t* 分布法。

（三）均数差的 *P* 值和可信区间转标准差

首先，需要将 *P* 值转换为 *t* 值，然后将 *t* 值或可信区间转换为标准误，最后从标准误获得标准差。

1. 均数差的 *P* 值转 *t* 值

在 Excel 中输入函数

$$= tinv(P, N_E + N_C - 2)$$

即可获得 *t* 值。其中 *P* 为 *P* 值，$N_E + N_C - 2$ 为自由度

2. 均数差的 *t* 值转标准误

$$SE = MD / t$$

其中，*MD* 为均数差。

3. 均数差的可信区间转标准误

如已知干预组和对照组的均数差（mean difference, *MD*）的 95% 可信区间（上限 *UCI* 和下限 *LCI*），且干预组和对照组的样本量大，标准误的标准正态分布法计算公式如下：

$$SE = (UCI - LCI) / 3.92$$

如已知的是 99% 可信区间，把 3.92 改为 5.15，如已知的是 90% 可信区间，把 3.92 改为 3.29。干预组和对照组的样本量小，需要先计算 *t* 值，在 Excel 中输入函数

$$= tinv(1 - 0.95, N_E + N_C - 2)$$

即可得到 *t* 值，其中 0.95 为 95% 置信区间，$N_E + N_C - 2$ 为自由度。如已知的是 99% 可信区间，把 0.95 改为 0.99，如已知的是 90% 可信区间，把 0.95 改为 0.90。

此时,代入 2t,标准差的 t 分布法计算公式如下:

$$SE = (CI_U - LCI_L) / 2t$$

4. 均数差的标准误转标准差

$$SD = \frac{SE}{\sqrt{\frac{1}{N_E} + \frac{1}{N_C}}}$$

注意,该 SD 是 SD_E 和 SD_C 的平均值,在输入 RevMan 中时,$SD_E = SD$,$SD_C = SD$。

(四)偏态数据的转换

如有原始数据,可将变量进行对数变换、平方根变换、平方根反正弦变换、倒数变换等方式转换为正态分布资料。

1. 中位数与四分位间距 除非样本量大,结局变量的分布近似正态分布,可用中位数代替均数,

$$SD = QR / 1.35$$

2. 极差 除非样本量大,结局变量的分布近似正态分布,

$$SD = R / 4$$

(五)连续性变量法计算器

在 RevMan 中:

1. 右键单击"Data and analyses",在弹出菜单中选择第一项"Add Comparison",弹出"New Comparison Wizard"向导窗口。"Name"可不输入比较名称,点击"Finish"完成比较的添加。

2. 在比较名称"New Comparison"上右键单击,在弹出菜单中选择第一项"Add Outcome",弹出"New Outcome Wizard"向导窗口。在"Data Type"中选择"Continuous"后,点击"Finish"完成该结局指标的添加。

3. 点击表格上方的 ▓,弹出"Calculator"。其中,Mean1 为 M_E,N1 为 N_E,SD1 为 SD_E,Mean2 为 M_C,N2 为 N_C,SD2 为 SD_C。输入样本量 N 和标准误 SE 或可信区间 CI、t 值、P 值后即可获得标准差 SD。输入样本量 N1、N2,均数差 MD 以及可信区间 CI 或标准误 SE 后即可获得标准差 SD1 和 SD2。其中绿色框中的数据为所需提取到表格中的数据(图 1-4-3)。

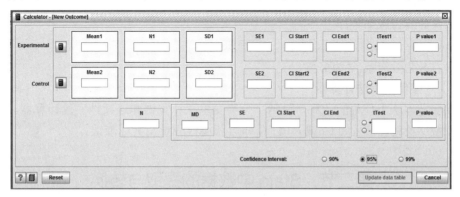

图 1-4-3 RevMan 中连续性变量的计算器

三、期望方差法("O-E and Variance")

如已知实际观察数(observed,O)、期望数(expected,E)和方差(variance),可采用期望

方差法(O-E and variance)。

四、一般倒方差法("Generic Inverse Variance")

一般倒方差法("Generic Inverse Variance")要求给出效应量及效应量的标准误。

(一)可信区间转标准误

1. 绝对值　如果效应量为绝对值,如标准化均数差(standard mean difference,SMD)、风险差(risk difference,RD)、率差(rate difference,RD),已知效应量及效应量的 95% 可信区间,标准误的计算公式如下:

$$SE = (UCI - LCI) / 3.92$$

其中,SE 为标准误,UCI 为可信区间的上限,LCI 为可信区间的下限,如已知的是 99% 可信区间,把 3.92 改为 5.15,如已知的是 90% 可信区间,把 3.92 改为 3.29。

2. 比值　如果效应量为比值,如风险比(risk ratio,RR)、优势比(odds ratio,OR)、危险比(hazard ratio,HR),已知效应量及效应量的 95% 可信区间,这时,首先要计算效应量及效应量的 95% 可信区间的自然对数,然后计算自然对数效应量的标准误。

以 RR 为例,计算公式如下:

$$SE\text{In}RR = (\text{In}UCI - \text{In}LCI) / 3.92$$

其中,SEInRR 为标准误,UCI 为 RR 可信区间的上限,LCI 为 RR 可信区间的下限,如已知的是 99% 可信区间,把 3.92 改为 5.15,如已知的是 90% 可信区间,把 3.92 改为 3.29。

SEInOR 或 SEInHR 的计算公式也一样,即

$$SE\text{In}OR = (\text{In}UCI - \text{In}LCI) / 3.92$$

$$SE\text{In}HR = (\text{In}UCI - \text{In}LCI) / 3.92$$

只需将可信区间的上下限改为 OR 或 HR 的可信区间的上下限。

(二)P 值转标准误

如果只有效应量的确切 P 值,可以先将 P 值转换为 Z 值。在 Excel 中输入函数

$$= \text{abs}(\text{normsinv}(P / 2))$$

即可得到 Z 值。

标准误计算公式如下:

$$SE = ES / Z$$

其中,ES 为效应量,Z 为 Z 值。

(三)一般倒方差法计算器

一般倒方差法中使用的计算器包括二分类变量法计算器和连续性变量计算器。输入绝对值 RD、MD 及其可信区间 CI 或 P 值后,即可获得效应量及其标准误。

第二节　Stata 中数据的提取与转换

一、计数资料法(count)

计数资料法需要输入 a、b、c 和 d 的数据,其中 a 表示试验组发生事件数,b 表示试验组

未发生事件数，c 表示对照组发生事件数，d 表示对照组未发生事件数。这和 RevMan 中的数据要求不一样，即干预组发生事件的人数 S_E 和干预组的样本量 N_E 以及对照组发生事件的人数 S_C 和对照组的样本量 N_C。

二、连续性变量法（continuous）

连续性变量法需要输入 n1、mean1、sd1、n2、mean2 和 sd2 的数据，其中 n1 表示试验组的样本含量，mean1 表示试验组的均数，sd1 表示试验组的标准差，n2 表示对照组的样本含量，mean2 表示对照组的均数，sd2 表示对照组的标准差。这和 RevMan 提取干预组和对照组的样本量（N_E 和 N_C）、发生事件人数的平均值及其标准差（M_E、M_C、SD_E、SD_C）的要求是一致的。

三、效应量及其可信区间法（effect/*CI*）

RevMan 在分析连续性变量时，必须将可信区间转换为标准差，而 Stata 可使用效应量（theta）、下限（lowerCI）、上限（upperCI）直接分析二分类变量和连续性变量。在病例对照研究和队列研究数据中，使用 logistic 回归分析和 Cox 回归分析获得调整后的 *OR* 或 *RR*，此时使用效应量及其可信区间法最为合适。除此之外，效应量还可以是 *RD*、*MD* 和 *WMD* 等（图 1-4-4）。

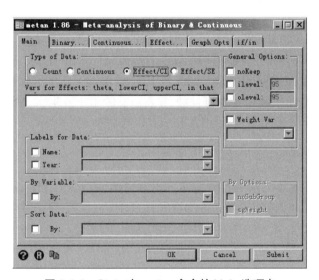

图 1-4-4　Stata 中 metan 命令的 Main 选项卡

四、效应量及其标准误法（effect/*SE*）

该方法类似于 RevMan 中一般倒方差法，要求给出效应量（theta）及效应量的标准误（se）（图 1-4-5）。

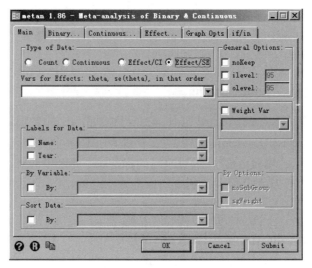

图 1-4-5 Stata 中 metan 命令的 Main 选项卡

第三节 R 软件中数据的提取与转换

一、二分类资料法

R 软件中二分类资料法的数据格式根据命令的不同需要输入类似 RevMan 中的干预组发生事件的人数 S_E 和干预组的样本量 N_E 以及对照组发生事件的人数 S_C 和对照组的样本量 N_C，比如 meta 包中的 metabin 命令和 rmeta 包中的 meta 命令；也可能输入 Stata 中的 a、b、c 和 d 的数据，其中 a 表示试验组发生事件数，b 表示试验组未发生事件数，c 表示对照组发生事件数，d 表示对照组未发生事件数，比如 metafor 包中的 rma 命令。

二、连续性资料法

R 软件中对于连续性变量的数据要求和 RevMan 及 Stata 一样，需要试验组的样本含量、均数和标准差，对照组的样本含量、均数和标准差。

三、一般倒方差法

使用 meta 包中的 metagen 命令可以对效应量（TE）及其标准误（seTE）进行 meta 分析。

第五章　文献质量评价

第一节　不同研究类型的文献评价标准

一、随机对照研究

（一）CONSORT（consolidated standards of reporting trials）

CONSORT 是 CONSORT 工作组为了纠正随机对照试验中存在的问题而提出的一个报告标准，致力于改进随机对照试验的报告质量，帮助研究者理解一个试验的设计、执行、分析和解释，并评估研究结果的有效性。该声明是建立在循证基础上，提出一个的随机对照试验报告规范，包括 25 个条目和一个流程图。考虑到新证据的出现，CONSORT 声明也会进行修订。最新的版本 CONSORT2010 更新于 2010 年 3 月。

CONSORT2010 下载地址：http://www.consort-statement.org/

（二）CONSORT 扩展版（extensions of the CONSORT statement）

CONSORT 主要针对两组随机平行对照试验，但是有的随机对照研究使用不同的设计，如整群随机对照，或者干预方式不同，如中草药，对于此类随机对照研究，可参考 CONSORT 扩展版，其中包括整群随机对照试验（cluster trials）、非劣效和等效性随机对照试验（non-inferiority and equivalence trials）、草药干预随机对照试验（herbal medicinal interventions）、非药物干预随机对照临床试验（non-pharmacological treatment Interventions）、针刺干预随机对照试验（acupuncture Interventions）、不良反应（harm）和摘要（abstract）。

CONSORT 扩展版下载地址：http://www.consort-statement.org/extensions/

（三）STARD（standards for the reporting of diagnostic accuracy studies）

STARD 声明即诊断试验准确性研究的报告规范。它通过评估研究的内在真实性和外在真实性来改进诊断试验准确性研究的报告质量，它包括 25 项评价标准和 1 个流程图。

STARD 下载地址：http://www.stard-statement.org/

二、观察性研究

（一）STROBE（strengthening the reporting of observational studies in epidemiology）

STROBE 声明即加强流行病学中观察性研究的报告质量，其中包含 22 条被认为高质量的报告应写明的项目。在 2007 年 10/11 月，它被发表于多个著名的生物医学杂志上，还被纳入由国际医学期刊编辑委员会编辑的 Vancouver 指南中。STROBE 声明由 STROBE 工作组提出，组员包括流行病家、方法学家、统计学家、研究者和编辑，它的目的是帮助作者写高质量的观察性研究、辅助编辑和评审判定一篇文章是否值得发表、帮助读者系统地评价一篇已发表的文章。

STROBE 下载地址：http://www.strobe-statement.org/

（二）TREND（transparent reporting of evaluations with nonrandomized designs）

TREND 声明即非随机对照试验的报告规范，它参照了 CONSORT 声明，包括 22 项标准，主要是为了改进对行为和公共卫生干预措施的非随机对照试验的报告质量。

TREND 下载地址：http://www.strobe-statement.org/

三、系统评价（meta 分析）

（一）QUOROM（quality of reporting of meta-analyses）

1999 年，加拿大渥太华大学 David Moher 领导的家小组，对随机对照试验的 meta 分析报告质量进了方法学的评价，并提出了一套 meta 分析的统一告格式，也称评价指南，即 QUOROM 声明。该声明列举了 18 项评价标准，除用于对 meta 分析报告进行事后的质量评价外，也可作为撰写 meta 分析报告的写作指导及 meta 分析论文的评审依据。

（二）PRISMA（preferred reporting items for systematic reviews and meta- analyses）

PRISMA 是系统综述和 meta 分析的优先报告条目，这些条目通过评估证据得出。RISMA 声明包括 27 个条目的清单和 4 步骤流程图。随着新证据的出现，这些文档也会适时改变。实际上，PRISMA 是对失效的 QUOROM 声明的升级和扩展。该声明的目的在于帮助作者改进系统综述和 meta 分析的撰写和报告。此声明主要针对的是随机对照试验的系统综述，但是 PRISMA 也适合作为其他类型研究系统综述报告的基础规范，尤其是对干预措施进行评价的研究。PRISMA 也可以用于已发表系统综述的严格评价。

PRISMA 下载地址：http://www.prisma-statement.org/

（三）MOOSE（meta-analysis of observational studies in epidemiology）

MOOSE 是流行病学中观察性研究的 meta 分析报告规范。它是由美国疾病预防与控制中心、JAMA、牛津大学等单位的流行病学家和统计学家组成的流行病学观察性研究 meta 分析方法学组（meta-analysis of observational studies in epidemiology group）对观察性研究系统评价/meta 分析的方法学进行了整理汇总，提出的一个报告规范，亦可作为遗传关联性研究及其 meta 分析报告规范。

附 RevMan 中 PRISMA 研究流程图的添加

创建一个新的系统评价后，在左边大纲面板的树形目录中找到"Figure"。

1. 右键单击 "Figures"。在弹出菜单中选择第一项"Add Figure"，弹出"New Figure Wizard"向导窗口。

2. 在"Figure Type"中选择"Study flow diagram（PRISMA template）"，点击"Next"，继续点击"Finish"，得到 PRISMA 研究流程图（图 2-5-1）。

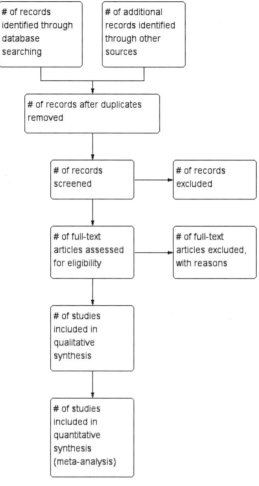

图 2-5-1　PRISMA 流程图

3. 双击每个流程框，弹出"Edit flowchart box"。可将"#"替换为实际的数值或更改整个流程框的文字说明（图 2-5-2）。

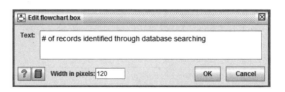

图 2-5-2　PRISMA 流程图编辑窗口

第二节　Review Manager 中的偏倚风险表

在 RevMan 中，文献质量的高低与纳入研究的偏倚风险有关，即高估或低估真实效应值的风险。

一、偏倚风险表的评价内容

Cochrane 协助网推荐的偏倚风险评估方法的条目有：①随机分配方案的产生（random sequence generation）；②隐蔽分组（allocation concealment）；③对患者和医生实施盲法（blinding of participants and personnel）；④对结果评价实施盲法（blinding of outcome assessment）；⑤不完整的结果数据（incomplete outcome data）；⑥选择性的结果报告（selective reporting）；⑦其他偏倚（other bias）。

这七条主要从选择偏倚（selection bias）、实施偏倚（performance bias）、测量偏倚（detection bias）、失访偏倚（attrition bias）和报告偏倚（reporting bias）5 方面评价纳入研究的偏倚风险。

根据以下标准进行偏倚风险评估："Low risk"表示低偏倚风险；"High risk"表示高偏倚风险；"Unclear risk"表示文献对偏倚评估未提供足够的或不确定的信息。

二、偏倚风险表的创建

以"Lu 2003"、"Wang 2001"、"Shen 2003"、"Gu 2004"和"Ma 1999"二分类变量的系统评价为例。

1. 右键单击"Characteristics of included studies"，在弹出菜单中选择第一项"Add Study"，弹出"New Study Wizard"窗口。在"Study ID"一栏中填入研究名称"Lu 2003"。点击"Finish"完成研究的添加。

2. 点击"Characteristics of included studies"旁的钥匙状图标，可见刚添加的"Lu 2003"研究。

3. 点击"Lu 2003"旁的钥匙状图标，可见选项"Risk of bias table"。

4. 右键单击"Risk of bias table"，在弹出菜单中选择第一项"Edit Risk of bias table"。右边的内容面板中出现偏倚风险评价表（图 2-5-3）。

Bias	Authors' judgement	Support for judgement
Random sequence generation (selection bias)	Unclear risk ▼	
Allocation concealment (selection bias)	Unclear risk ▼	
Blinding of participants and personnel (performance bias)	Unclear risk ▼	
Blinding of outcome assessment (detection bias)	Unclear risk ▼	
Incomplete outcome data (attrition bias)	Unclear risk ▼	
Selective reporting (reporting bias)	Unclear risk ▼	
Other bias	Unclear risk ▼	

图 2-5-3　Cochrane 偏倚风险评价表

5. 根据研究中的信息，在"Authors judgement"中选择"Low risk"、"Unclear risk"和"High risk"，并且可在"Support for judgement"一栏中填写理由。

6. 重复上述过程，添加"Wang 2001"、"Shen 2003"、"Gu 2004"和"Ma 1999"，并完成偏倚风险的评定。

7. 右键单击左边大纲面板树形目录中的"Figures"。在弹出菜单中选择第一项"Add Figure"，弹出"New Figure Wizard"向导窗口。

8. 在"Figure Type"中选择"Risk of bias graph"，点击"Next"，继续点击"Finish"，得到偏倚风险百分图（彩图 2-5-4）。

9. 右键单击左边大纲面板树形目录中的"Figures"。在弹出菜单中选择第一项"Add Figure"，弹出"New Figure Wizard"向导窗口。在"Figure Type"中选择"Risk of bias summary"，点击"Next"，继续点击"Finish"，得到偏倚风险总结图（彩图 2-5-5）。

第三节　GRADEprofiler 中的结果总结表

一、GRADE 系统简介

GRADE（grading of recommendations assessment，development and evaluation）是由 2000 年建立的 GRADE 工作组提出的一套评级系统。GRADE 系统使用易于理解的方式评价证据质量和推荐等级，目前已被世界卫生组织（WHO）、Cochrane 协作网等一批著名机构所采用（http://www.gradeworkinggroup.org/society/index.htm）。

（一）证据质量

GRADE 系统中的证据等级以及定义如下：①高质量：进一步研究也不可能改变该疗效评估结果的可信度；②中等质量：进一步研究很可能影响该疗效评估结果的可信度，且可能改变该评估结果；③低质量：进一步研究极有可能影响该疗效评估结果的可信度，且该评估结果很可能改变；④极低质量：任何疗效评估结果都很不确定。

无严重缺陷的随机对照试验为高质量证据，无突出优势或有严重缺陷的观察性研究属于低质量证据，证据等级还会因下面五个因素而降低：①研究的局限性；②研究结果不一致；③间接证据；④结果不精确；⑤报告偏倚。同样基于以下三个因素，证据可以升级：①效应值很大；②剂量 - 效应关系的存在；③可能的混杂因素会降低疗效。

（二）推荐等级

GRADE 系统中的推荐等级分为"强推荐"和"弱推荐"。其中，"强推荐"表示评价者确信相关的干预措施利大于弊；"弱推荐"表示干预措施有可能利大于弊，但评价者把握不大。

（三）符号系统

GRADE 为证据质量和推荐强度提供了符号描述法和字母 / 数字描述法（表 2-5-1）。

表 2-5-1　GRADE 的符号描述法和字母 / 数字描述法

证据质量	符号	字母 / 数字
高质量	⊕⊕⊕⊕	A
中等质量	⊕⊕⊕○	B
低质量	⊕⊕○○	C
极低质量	⊕○○○	D
推荐等级		
支持使用某疗法的强推荐	↑↑	1
支持使用某疗法的弱推荐	↑?	2
反对使用某疗法的强推荐	↓↓	1
反对使用某疗法的弱推荐	↓?	2

GRADE 工作组网站：http://www.gradeworkinggroup.org/

二、结果总结表的创建

在系统评价中，Cochrane 协作网的 RevMan 软件将各个结局的 meta 分析结果以森林图形式直观地展现。我们从森林图中能够迅速看出针对某个健康问题的干预措施对于某个结局指标是否有效，但是评价一个干预措施对某健康问题是否有效，通常会采用多个不同结局指标，此时，如何对同一干预措施下不同结局指标的 meta 分析结果进行综合呢？Cochrane 协作网推荐使用 Gradeprofiler 软件制作结果总结表（summary of finding table）。结果总结表首先对某个干预措施下不同结局指标的重要性进行分级，然后在该结局下纳入研究的文献质量基础上评价证据质量等级，比较不同结局的合并效应量，最后评定该干预措施是否值得推荐。

（一）创建 GRADE 文件

点击"File"下的"New"，输入名称，如"GRADE 例子"，即可创建后缀名为".grd"的 GRADE 文件。

（二）创建一个比较

1. 在"Profile Group name"中输入系统评价名称，如"OR 例子"。

2. 在"Evidence profile"中输入以 PICO 格式输入系统评价的内容，在"Format"下拉菜单中共有 4 个格式可选。

（三）添加结局

1. 在添加的比较名称上右击，选择"Add outcome"可以添加多个结局。

2. 输入结局指标名称　在"Outcome"中可以将默认的"New Outcome"改名为结局指标名称，如"死亡率"。

3. 选择结局指标数据类型　可以选择"dichotomous"（二分类变量）和"continuous"（连续性变量）。

4. 判断结局重要性

● 1—3：不重要结局（not important）

● 4—6：重要结局（important）

● 7—9：关键结局（critical）

（四）评价每个结局的质量

1. 在"Number of studies"中输入纳入研究的数目，如"5"。

2. 在"Study design"中选择纳入研究的设计类型。

● randomized trials：随机对照研究。

● observational studies：观察性研究。

3. 在项目"Decrease quality of evidence"中根据实际情况选择降级因素（图 2-5-6）：①研究的局限性（"Limitations in design"）；②研究结果不一致（"Inconsistency"）；③间接证据（"Indirectness"）；④结果不精确（"Imprecision"）；⑤报告偏倚（"Publication bias"）的影响程度，其中：

● no：无影响，不降级；

● serious（-1）：影响大，降一级；

- very serious（−2）：影响非常大，降两级。

在项目"Increase quality of evidence"中根据实际情况选择升级因素（图 2-5-6）：①效应值很大（"Large effect"）；②可能的混杂因素会降低疗效（"Plausible confounding would change the effect"）；③剂量 - 效应关系的存在（"Dose-response grade"）的影响程度，其中：

- no：无影响，不升级；
- large（+1）或 increase it for RR～1（+1）或 yes（+1）：影响大，升一级；
- very large（+2）：影响非常大，升两级。

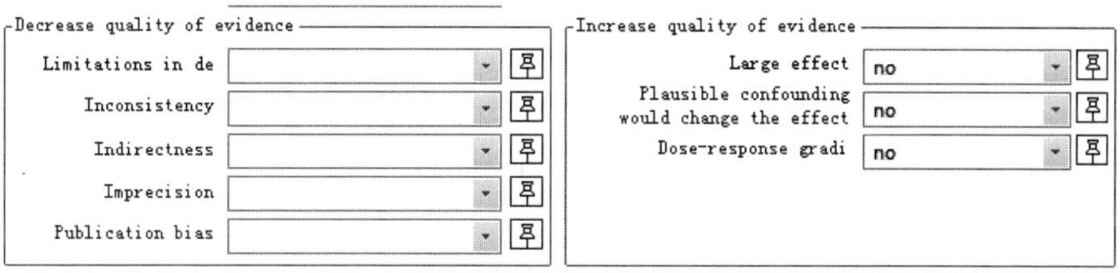

图 2-5-6　降级因素和升级因素

（五）输入每个结局的数据

1. 点击"Go to Summary of findings"，输入结局数据。

2. 在"Length of follow-up"中输入随访时间。

3. 在"Number of participant"中输入干预组和对照组的信息。

4. 在"Estimate effect"中输入合并效应量的信息。

（六）生成结果总结表

1. 点击工具栏上的"Preview of table"即可预览结果总结表。

2. 点击

- "Save as HTML file"可将结果总结表保存为 HTML 文件；
- "Save as Image"可将结果总结表保存为图像；
- "Export to Word Document"可将结果总结表导出到 Word 文档。

三、利用 Review Manager 数据生成结果总结表

（一）导入 RevMan 文件

选择"File/Import From/Review Manager file"导入 RevMan 文件，如在第二节中创建的"OR 例子"。

导入后，会自动生成 RevMan 文件中的比较名称和比较下的结局指标。

（二）判断结局重要性

- 1—3：不重要结局（not important）；
- 4—6：重要结局（important）；
- 7—9：关键结局（critical）。

（三）评价每个结局的质量

1. 在"Study design"中选择纳入研究的设计类型。

2. 在"Decrease quality of evidence"中根据实际情况选择降级因素：①研究的

局限性（"Limitations in design"）；②研究结果不一致（"Inconsistency"）；③间接证据（"Indirectness"）；④结果不精确（"Imprecision"）；⑤报告偏倚（"Publication bias"）的影响程度，其中：

- no：无影响，不降级；
- serious（-1）：影响大，降一级；
- very serious（-2）：影响非常大，降两级。

3．在"Increase quality of evidence"中根据实际情况选择升级因素：①效应值很大（"Large effect"）；②可能的混杂因素会降低疗效（"Plausible confounding would change the effect"）；③剂量 - 效应关系的存在（"Dose-response grade"）的影响程度，其中

- no：无影响，不升级；
- large（+1）或 increase it for RR～1（+1）或 yes（+1）：影响大，升一级；
- very large（+2）：影响非常大，升两级。

（四）完善每个结局的数据

1．点击"Go to Summary of findings"，完善结局数据。

2．在"Length of follow-up"中可补充随访时间。

（五）生成结果总结表

1．点击工具栏上的"Preview of table"即可预览结果总结表。

2．点击

- "Save as HTML file"可将结果总结表保存为 HTML 文件；
- "Save as Image"可将结果总结表保存为图像；
- "Export to Word Document"可将结果总结表导出到 Word 文档。

第六章

异质性分析

第一节　异质性的检验

异质性分析总的原则是必须从专业角度和统计学方法对纳入的研究间的异质性进行全面的分析，而不能只着眼于研究的简单统计汇总，否则可能导致错误的结论。有多种统计学方法可检测研究间的异质性，如Cochrane Q 检验，计算 I^2 值；也可以使用直观的图示方法检测异质性，如拉贝图。

一、异质性的定义

系统评价中不同研究间的变异称为异质性。异质性主要有两种——临床异质性和方法学异质性。临床异质性主要来源于各个研究中的人群、干预和结局的不同；方法学异质性则是由试验设计和质量的不同引起。

临床异质性和统计学异质性使得每个研究获得的效应量不同，这些效应量之间的变异就是统计学异质性，简称异质性。

二、异质性的检验方法

异质性检验的假设如下：

H_0：各研究结果效应量相等

H_1：各研究结果效应量不全相等

（一）数值法

1. Q 统计量　　最常用的异质性检验方法为 Q 检验法，Q 统计量服从自由度为 $k\text{-}1$（k 为研究数目）的卡方分布，它本质为卡方检验。该法是异质性定性分析的方法，为 Cochrane Handbook 所推荐，也是 RevMan 默认进行计算的方法。在研究数目少的情况下，Q 检验法的检验效能过低；在研究数目很多的情况下，Q 检验法的检验效能又过高。在合并的纳入研究数目少的情况下，通常将 $\alpha = 0.05$ 改为 $\alpha = 0.10$，以弥补 Q 检验法的低检验效能。

2. H 统计量、I^2 统计量　　为了消除研究数目对统计量检验效能的影响，通过对 Q 进行转换得到 H 值和 I^2 值，

$$H = \sqrt{\frac{Q}{df}}$$

$$I^2 = \frac{H^2 - 1}{H^2} = \frac{Q - df}{Q} \times 100\%$$

H 值为 1 时，表示各研究间无异质性。一般情况下，若 $H>1.5$，提示研究间存在异质性；若 $H<1.2$，研究间的异质性很小，可忽略；如 H 值 1.2 和 1.5 之间，且 H 值的 95%CI 不包括 1 时，可认为研究间存在异质性，若 H 值的 95%CI 包括 1，则无法确定是否存在异质性。

如果 $I^2=0$，可认为各研究是同质的，若 I^2 为：

- 0～40%：异质性可忽略；
- 30%～60%：存在中度异质性；
- 50%～90%：存在较大异质性；
- 75%～100%：存在不可忽略的异质性。

或者当 I^2 值超过 25%、50%、75% 时，分别提示研究间具有低度、中度及高度异质性。一般认为，当 $I^2\geqslant50\%$ 提示存在实质性的异质性。

多数认为 I^2 统计量较 Q 统计量敏感，特别是样本量较小时。此法也是 Cochrane Handbook 推荐的方法。

（二）图示法

1. 拉贝（L'Abbé）图 拉贝图是一种散点图，可用于二分类变量 meta 分析结果的异质性检验。其中，点的大小代表研究的样本量，以试验组成功率（或有效率等）为 Y 轴，以对照组成功率（或有效率等）为 X 轴，再作一方程为 $y=x$ 的直线为无效线。若点在无效线上方，表示试验组疗效好于对照组；若点在无效线下方，表示对照组疗效好于试验组；若点落在无效线上，表示试验组疗效不优于对照组。图形中散点越密集表明研究间同质性越高。

2. Galbraith 图 根据效应量及其标准误可绘制 Galbraith 图，它也是一种散点图。其中，散点表示各研究，横轴是各研究标准误的倒数（$1/SE$），纵轴是 Z 值，即效应量除以其标准误（b/SE）。若各研究间不存在异质性，代表研究的点都会在回归直线之间。

三、Review Manager 中的异质性检验

RevMan 中主要使用 Q 统计量和 I^2 统计量进行异质性检验。表格下方和森林图下方 "Heterogenity" 一栏中的 "Chi²" 就是 Q 统计量结果，"I²" 即 I^2 统计量结果。

从图 2-6-1～图 2-6-5 中可见：

- 固定效应模型 OR 中 Heterogenity：Chi^2=0.84，df=4（P=0.93）；I^2=0%

Statistic	Estimate	[95% Conf. Interval]	
H	1.0	1.0	2.2
I^2	0	0	79

Q-test = .84 d.f. = 4 p-value = 0.9330

图 2-6-1 Stata 中 OR 例子的 H 值

Statistic	Estimate	[95% Conf. Interval]	
H	1.0	1.0	2.2
I^2	0	0	79

Q-test = 3.19 d.f. = 4 p-value = 0.5265

图 2-6-2 Stata 中 RR 例子的 H 值

Statistic	Estimate	[95% Conf. Interval]	
H	1.4	1.0	2.4
I^2	52	0	82

Q-test = 8.36 d.f. = 4 p-value = 0.0792

图2-6-3　Stata 中 *RD* 例子的 *H* 值

Statistic	Estimate	[95% Conf. Interval]	
H	1.5	1.0	2.5
I^2	56	0	84

Q-test = 9.06 d.f. = 4 p-value = 0.0596

图2-6-4　Stata 中 *WMD* 例子的 *H* 值

Statistic	Estimate	[95% Conf. Interval]	
H	1.5	1.0	2.4
I^2	53	0	83

Q-test = 8.59 d.f. = 4 p-value = 0.0722

图2-6-5　Stata 中 *SMD* 例子的 *H* 值

- 固定效应模型 *RR* 中 Heterogenity：$Chi^2 = 3.19$，$df = 4$（$P = 0.53$）；$I^2 = 0\%$
- 随机效应模型 *RD* 中 Heterogenity：$Tau^2 = 0.01$；$Chi^2 = 8.36$，$df = 4$（$P = 0.08$）；$I^2 = 52\%$
- 随机效应模型 *MD* 中 Heterogenity：$Tau^2 = 0.22$；$Chi^2 = 9.06$，$df = 4$（$P = 0.06$）；$I^2 = 56\%$
- 随机效应模型 *SMD* 中 Heterogenity：$Tau^2 = 0.07$；$Chi^2 = 8.35$，$df = 4$（$P = 0.08$）；$I^2 = 52\%$

使用 *Q* 检验时，如果 $P \leqslant 0.10$，可认为存在异质性；使用 I^2 统计量时，若 $I^2 \geqslant 50\%$，可认为研究间存在异质性。

四、Stata 中的异质性检验

（一）Q 和 I^2 统计量

Stata 中也在表格下方和森林图下方的"Heterogenity"提供"chi-squared"和"I-squared"，其中森林图

- 固定效应模型 *OR*：Overall（I-squared $= 0.0\%$，$p = 0.933$）
- 固定效应模型 *RR*：Overall（I-squared $= 0.0\%$，$p = 0.527$）
- 随机效应模型 *RD*：Overall（I-squared $= 52.2\%$，$p = 0.079$）
- 随机效应模型 *WMD*：Overall（I-squared $= 55.9\%$，$p = 0.060$）
- 随机效应模型 *SMD*：Overall（I-squared $= 53.4\%$，$p = 0.072$）

随机效应模型中的 Tau^2 在 Stata 的森林图中没有显示，在表格下方可以获得

- 随机效应模型 *RD*：Tau-squared $= 0.0050$
- 随机效应模型 *WMD*：Tau-squared $= 0.2180$
- 随机效应模型 *SMD*：Tau-squared $= 0.0719$

（二）H 统计量

Stata 中可根据 *Q* 值及其自由度 *df* 值计算 *H* 统计量，命令如下：

- heterogi Q df

根据 *OR*、*RR*、*RD*、*WMD* 和 *SMD* 例子中的 *Q* 和 *df*,输入命令:

- heterogi 0.84 4
- heterogi 3.19 4
- heterogi 8.36 4
- heterogi 9.06 4
- heterogi 8.59 4

(三)拉贝(L'Abbé)图

Stata 中可根据 a、b、c 和 d 值绘制拉贝图(图 2-6-6~图 2-6-8),其中,a 表示试验组发生事件数,b 表示试验组未发生事件数,c 表示对照组发生事件数,d 表示对照组未发生事件数。命令如下:

- labbe a b c d, null

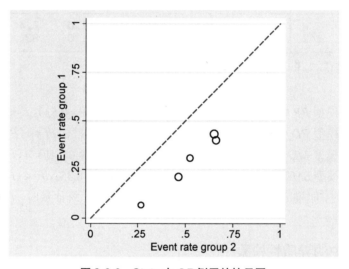

图 2-6-6　Stata 中 *OR* 例子的拉贝图

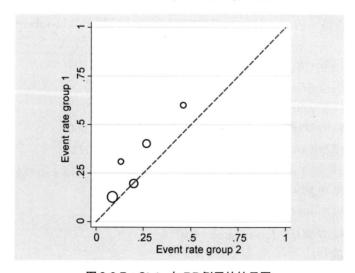

图 2-6-7　Stata 中 *RR* 例子的拉贝图

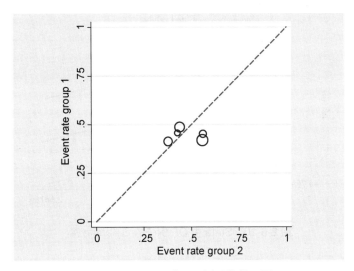

图 2-6-8　Stata 中 *RD* 例子的拉贝图

拉贝图的菜单操作方式如下：

1．输入命令：db labbe。

2．在"Vars for Counts"的下拉框中选择 a、b、c 和 d（图 2-6-9）。

3．选中"Draw p1 = p2 line"（图 2-6-9）。

点击"OK"后，Stata 就会将菜单中的选项转换为 labbe 命令执行，得到和直接输入命令的同样结果。

（四）Galbraith 图

Stata 在执行 metan 命令后，对于相对值 *OR*、*RR*，会自动生成效应量值（_ES）、标准误（_selogES）；对于绝对值 *RD*、*WMD* 和

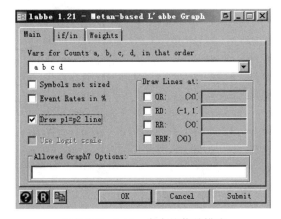

图 2-6-9　labbe 命令的菜单模式

SMD，会自动生成效应量（_ES）及效应量的标准误（_seES）。相对值 *OR*、*RR* 中的标准误是其对数值的标准误，因此，需要先转换效应量值，命令如下：

● gen logES = log（_ES）

绘制 Galbraith 图的命令格式如下：

● galbr 效应量 效应量的标准误

执行 metan 命令后，根据 *OR*、*RR*、*RD*、*WMD* 和 *SMD* 例子中的效应量及效应量的标准误，输入命令：

1．*OR* 例子（图 2-6-10）

● gen logES = log（_ES）

● galbr logES _selogES

2．*RR* 例子（图 2-6-11）

● gen logES = log（_ES）

● galbr logES _selogES

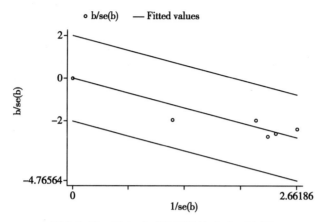

图 2-6-10 Stata 中 *OR* 例子的 Galbraith 图

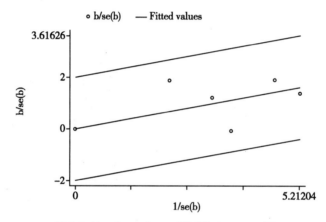

图 2-6-11 Stata 中 *RR* 例子的 Galbraith 图

3. *RD* 例子（图 2-6-12）

● galbr _ES _seES

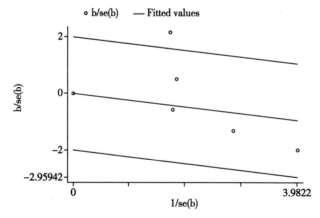

图 2-6-12 Stata 中 *RD* 例子的 Galbraith 图

4. *WMD* 例子（图 2-6-13）

● galbr _ES _seES

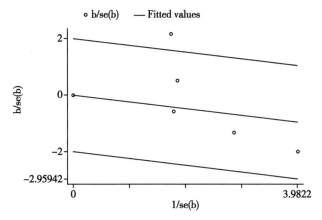

图 2-6-13　Stata 中 *WMD* 例子的 Galbraith 图

5. *SMD* 例子（图 2-6-14）

● galbr _ES _seES

输入命令"db galbr"，在下拉框中选择效应量及其标准误后，点击"OK"后，Stata 就会将菜单中的选项转换为 galbr 命令执行，得到和直接输入命令的同样结果（图 2-6-15）。

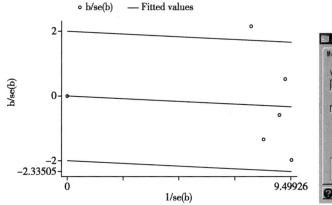

图 2-6-14　Stata 中 *SMD* 例子的 Galbraith 图

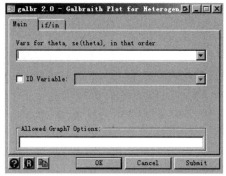

图 2-6-15　galbr 命令的菜单模式

五、R 软件中的异质性检验

（一）Q、I^2 和 H 统计量

在 meta 包中的 metabin 和 metabin 命令生成的森林图中可见：

● 固定效应模型 *OR* 中 Heterogenity：I-squared＝0%，tau-squared＝0，$p＝0.9326$
● 固定效应模型 *RR* 中 Heterogenity：I-squared＝0%，tau-squared＝0，$p＝0.5272$
● 随机效应模型 *RD* 中 Heterogenity：I-squared＝52.2%，tau-squared＝0.005，$p＝0.0791$
● 随机效应模型 *MD* 中 Heterogenity：I-squared＝56%，tau-squared＝0.2181，$p＝0.0587$
● 随机效应模型 *SMD* 中 Heterogenity：I-squared＝52.1%，tau-squared＝0.0682，$p＝0.0795$

在 meta 包 metabin 和 metabin 命令生成的 meta 分析结果中可见：

● 固定效应模型 *OR* 中 H＝1　［1；1.01］

- 固定效应模型 *RR* 中 *H*=1　［1；1.96］
- 随机效应模型 *RD* 中 *H* = 1.45
［1；2.39］
- 随机效应模型 *MD* 中 *H* = 1.51
［1；2.48］
- 随机效应模型 *SMD* 中 *H* = 1.44
［1；2.38］

（二）拉贝（L'Abbé）图和 Galbraith 图

1. *OR* 例子

（1）metafor 包命令：可绘制拉贝图
和 Galbraith 图（图 2-6-16、图 2-6-17）。

在输入数据，执行 rma 命令后，执行
labbe 和 galbraith 命令：

- labbe（metaror）
- galbraith（metafror）

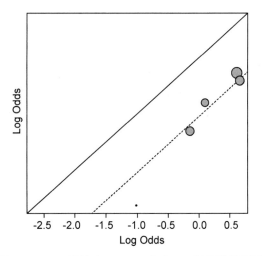

图 2-6-16　R 软件中 metafor 命令 *OR* 例子的拉贝图

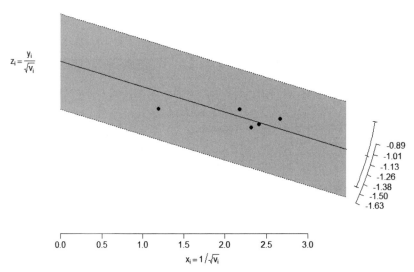

图 2-6-17　R 软件中 metafor 命令 *OR* 例子的 Galbraith 图

（2）meta 包命令：可绘制拉贝图（图 2-6-18）。

在输入数据，执行 metabin 命令后，执行 labbe 命令：

- labbe（metaror）

（3）rmeta 包命令：没有提供相应命令。

2. *RR* 例子

（1）metafor 包命令：可绘制拉贝图和 Galbraith 图（图 2-6-19、图 2-6-20）。

在输入数据，执行 rma 命令后，执行 labbe 和 galbraith 命令：

- labbe（metarrr）
- galbraith（metarrr）

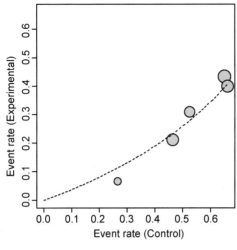

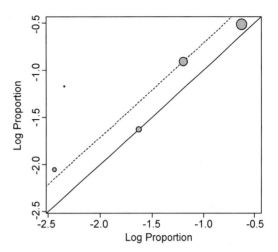

图 2-6-18　R 软件中 meta 命令 *OR* 例子的拉贝图　图 2-6-19　R 软件中 metafor 命令 *RR* 例子的拉贝图

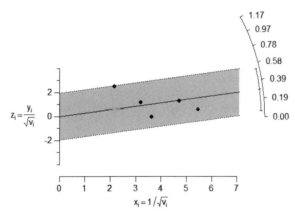

图 2-6-20　R 软件中 metafor 命令 *RR* 例子的 Galbraith 图

（2）meta 包命令：可绘制拉贝图（图 2-6-21）。

在输入数据，执行 metabin 命令后，执行 labbe 命令（图 2-6-21）：

● labbe（metarrr）

（3）rmeta 包命令：没有提供相应命令。

3. *RD* 例子

（1）metafor 包命令：可绘制拉贝图和 Galbraith 图（图 2-6-22、图 2-6-23）。

在输入数据，执行 rma 命令后，执行 labbe 和 galbraith 命令：

● labbe（metarrd）

● galbraith（metarrd）

（2）meta 包命令：可绘制拉贝图（图 2-6-24）。

在输入数据，执行 metabin 命令后，执行 labbe 命令：

● labbe（metarrd）

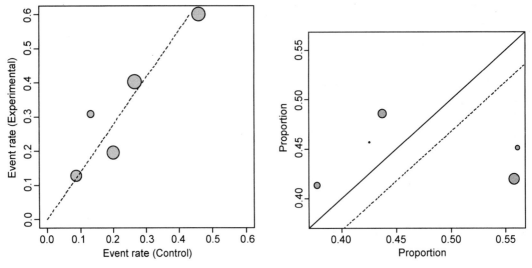

图 2-6-21　R 软件中 meta 命令 *RR* 例子的拉贝图　　　图 2-6-22　R 软件中 metafor 命令 *RD* 例子的拉贝图

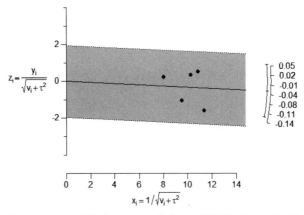

图 2-6-23　R 软件中 metafor 命令 *RD* 例子的 Galbraith 图

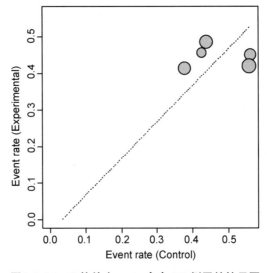

图 2-6-24　R 软件中 meta 命令 *RD* 例子的拉贝图

（3）rmeta 包命令：没有提供相应命令。

4.*WMD* 例子

（1）metafor 包命令：可绘制 Galbraith 图（图 2-6-25）。

在输入数据，执行 rma 命令后，执行 galbraith 命令：

● galbraith（metarrd）

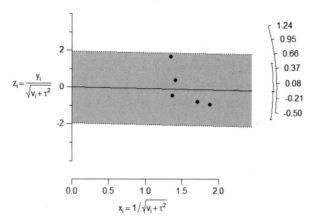

图 2-6-25　R 软件中 metafor 命令 *WMD* 例子的 Galbraith 图

（2）meta 包命令：无绘制 Galbraith 图命令。

（3）rmeta 包命令：无绘制 Galbraith 图命令。

5.*SMD* 例子

（1）metafor 包命令：可绘制 Galbraith 图（图 2-6-26）。

在输入数据，执行 rma 命令后，执行 galbraith 命令：

● galbraith（metarrd）

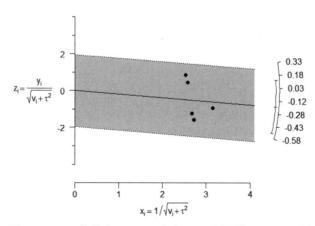

图 2-6-26　R 软件中 metafor 命令 *SMD* 例子的 Galbraith 图

（2）meta 包命令：无绘制 Galbraith 图命令。

（3）rmeta 包命令：无绘制 Galbraith 图命令。

第二节　异质性的处理

当 meta 分析结果发现存在异质性时，首先要检查原始数据是否正确录入，如果数据确实存在异质性，则按下述方法或者原则处理：

1. 如果异质性影响 meta 分析结果的真实性，则不进行 meta 分析。
2. 使用亚组分析或 meta 回归探讨异质性来源。
3. 如果异质性比较小，可忽略异质性，使用固定效应模型进行分析。
4. 如果不能分析异质性的来源，可使用随机效应模型进行分析。
5. 改变效应量。
6. 排除研究，使用敏感性分析比较纳入和排除某一或某些研究后的合并效应量。

一、检查异质性

RevMan 使用研究、试验组的有效数和总人数以及对照组的有效数和总人数数据（表 2-6-1）。

表 2-6-1　纳入 meta 分析的各项研究的主要信息

研究	种族	试验组			对照组		
		有效数	无效数	总人数	有效数	无效数	总人数
Liu 2008	European	286	696	982	193	532	725
Li 2006	European	135	419	554	164	408	572
Lind 2006	European	55	130	185	44	161	205
Pine 2006	European	54	150	204	52	182	234
Hu 2006	Asian	178	166	344	271	274	545
Park 2006	Asian	189	113	302	161	122	283
Zhang2006	Asian	296	249	545	291	418	709

Stata 软件中用变量名 study 代表研究，race 代表种族，a 代表试验组有效数，b 代表试验组无效数，c 代表对照组有效数，d 代表对照组无效数。

R 软件中用变量名 study 代表研究，race 代表种族，a 代表试验组有效数，b 代表试验组无效数，n1 代表试验组总人数，c 代表对照组有效数，d 代表对照组无效数，n2 代表试验组总人数，以"ryzx"命名表格，以"metaryzx"命名 meta 分析的结果。

（一）Q 和 I^2 统计量

经 RevMan、Stata 和 R 软件分析计算得到 $Q = 20.43$，$p = 0.002$；$I^2 = 70.6\%$。

（二）H 统计量

经 Stata 计算得到 $H = 1.8$，命令如下：

● heterogi 20.43 6

（三）拉贝（L'Abbé）图

使用 Stata 中的 labbe 命令（图 2-6-27）：

● labbe a b c d, null

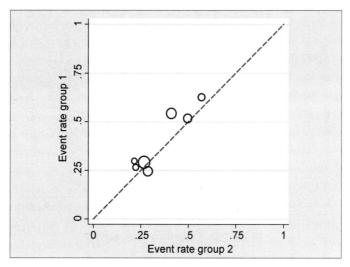

图 2-6-27　Stata 中的拉贝图

使用 R 软件中 meta 包中 labbe 命令（图 2-6-28）：

- labbe（metaryzx）

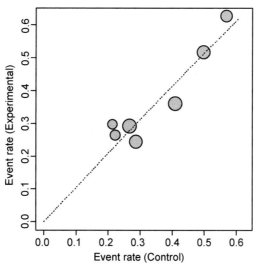

图 2-6-28　R 软件中的拉贝图

（四）Galbraith 图

使用 Stata 中的 galbr 命令（图 2-6-29）：

- gen logES = log（_ES）
- galbr logES _selogES

使用 R 软件 metafor 包中的 galbraith 命令（图 2-6-30）：

- galbraith（metaryzx）

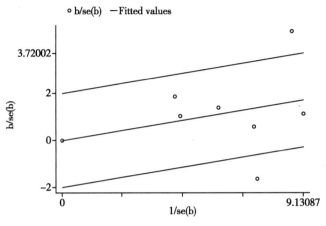

图 2-6-29　Stata 中的 Galbraith 图

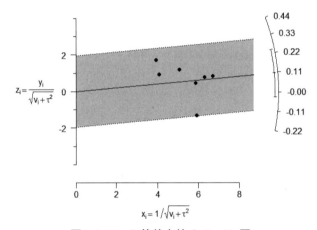

图 2-6-30　R 软件中的 Galbraith 图

二、探索异质性来源

以上研究分属两个不同种族,可探讨种族是否异质性来源。

(一) 亚组分析

1. RevMan 中的亚组分析(图 2-6-31,图 2-6-32)

(1)添加纳入研究:右键单击"Characteristics of included studies",在弹出菜单中选择第一项"Add Study",弹出"New Study Wizard"窗口。在"Study ID"一栏中填入研究名称"Liu 2008"。点击"Finish"完成研究的添加。重复上述过程,添加"Li 2006"、"Lind 2006"、"Pine 2006"、"Hu 2006"、"Park 2006"和"Zhang 2006"。

(2)添加比较:右键单击"Data and analyses",在弹出菜单中选择第一项"Add Comparison"。弹出"New Comparison Wizard"向导窗口后,在"Name"中输入比较的名称"试验组 vs 对照组"。点击"Finish"完成比较的添加。

(3)添加结局指标:在添加的"试验组 vs 对照组"上右键单击,在弹出菜单中选择第一项"Add Outcome",弹出"New Outcome Wizard"向导窗口。在"Data Type"中选择二分类变量（Dichotomous），点击"Next"。在"Name"中输入结局指标的名称"有效率"，点击"Finish"完成该结局指标的添加。

（4）添加亚组：右键单击结局指标"有效率"，在弹出菜单中选择"Add Subgroup"，弹出"New Subgroup Wizard"向导窗口。在"Name"中输入亚组名称"European"，点击"Finish"完成亚组的添加。重复该过程，添加另一亚组"Asian"。

（5）添加结局数据：右键单击结局指标"European"，在弹出菜单中选择 "Add Study Data"，弹出"New Study Data Wizard"向导窗口。在"Included Studies"栏中选中"Liu 2008"、"Li 2006"、"Lind 2006"和"Pine 2006"；右键单击结局指标"Asian"，在弹出菜单中选择"Add Study Data"，弹出"New Study Data Wizard"向导窗口。在"Included Studies"栏中选中"Hu 2006"、"Park 2006"和"Zhang 2006"。在右边的表格中输入相应的数据。

Study or Subgroup	Experimental Events	Experimental Total	Control Events	Control Total	Weight	Odds Ratio M-H, Random, 95% CI
1.1.1 European						
Pine 2006	54	204	52	234	10.8%	1.26 [0.81, 1.95]
Lind 2006	55	185	44	205	10.3%	1.55 [0.98, 2.45]
Li 2006	135	554	164	572	15.7%	0.80 [0.61, 1.05]
Liu 2008	286	982	193	725	17.2%	1.13 [0.91, 1.40]
Subtotal (95% CI)		1925		1736	53.9%	1.11 [0.85, 1.44]
Total events	530		453			
Heterogeneity: Tau² = 0.04; Chi² = 7.84, df = 3 (P = 0.05); I² = 62%						
Test for overall effect: Z = 0.76 (P = 0.45)						
1.1.2 Asian						
Hu 2006	178	344	271	545	15.5%	1.08 [0.83, 1.42]
Park 2006	189	302	161	283	13.7%	1.27 [0.91, 1.76]
Zhang2006	296	545	291	709	16.9%	1.71 [1.36, 2.14]
Subtotal (95% CI)		1191		1537	46.1%	1.34 [1.01, 1.79]
Total events	663		723			
Heterogeneity: Tau² = 0.05; Chi² = 6.75, df = 2 (P = 0.03); I² = 70%						
Test for overall effect: Z = 1.99 (P = 0.05)						
Total (95% CI)		3116		3273	100.0%	1.21 [0.99, 1.49]
Total events	1193		1176			
Heterogeneity: Tau² = 0.05; Chi² = 20.43, df = 6 (P = 0.002); I² = 71%						
Test for overall effect: Z = 1.83 (P = 0.07)						
Test for subgroup differences: Chi² = 0.95, df = 1 (P = 0.33), I² = 0%						

图 2-6-31　RevMan 中亚组分析的表格数据

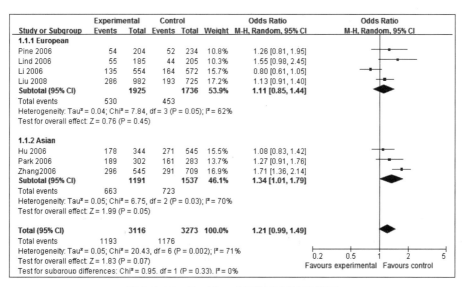

图 2-6-32　RevMan 中亚组分析的森林图

2. Stata 中的亚组分析

在命令框中输入：

● metan a b c d, label（namevar = study）by（race）random or

结果如图 2-6-33、图 2-6-34 所示。

```
        Study      |    OR    [95% Conf. Interval]    % Weight
-------------------+--------------------------------------------------
      European     |
Liu 2008           |   1.133    0.914    1.404       17.21
Li 2006            |   0.802    0.615    1.045       15.65
Lind 2006          |   1.548    0.978    2.449       10.29
Pine 2006          |   1.260    0.813    1.952       10.79
   Sub-total       |
   D+L pooled OR   |   1.106    0.852    1.435       53.94
-------------------+--------------------------------------------------
       Asian       |
Hu 2006            |   1.084    0.828    1.420       15.51
Park 2006          |   1.267    0.910    1.765       13.66
Zhang2006          |   1.708    1.363    2.139       16.89
   Sub-total       |
   D+L pooled OR   |   1.343    1.005    1.793       46.06
-------------------+--------------------------------------------------
Overall            |
   D+L pooled OR   |   1.212    0.987    1.488      100.00
-------------------+--------------------------------------------------

Test(s) of heterogeneity:
            Heterogeneity  degrees of
              statistic     freedom     P    I-squared**  Tau-squared

European         7.84          3       0.049    61.7%       0.0418
Asian            6.75          2       0.034    70.4%       0.0458
Overall         20.43          6       0.002    70.6%       0.0516
** I-squared: the variation in OR attributable to heterogeneity)

Note: between group heterogeneity not calculated;
only valid with inverse variance method

Significance test(s) of OR=1

European        z=  0.76     p = 0.450
Asian           z=  1.99     p = 0.046
Overall         z=  1.83     p = 0.067
-------------------------------------------------------------------------
```

图 2-6-33 Stata 中亚组分析的合并效应量

3. R 软件中的亚组分析

执行命令：

（1）metafor 包：无相应命令。

（2）meta 包（图 2-6-35）

● metaryzx = metabin（a，n1，c，n2，data = ryzx，sm = "OR"，byvar = race，comb.
fixed = FALSE，comb.random = TRUE，studlab = study）

● metaryzx

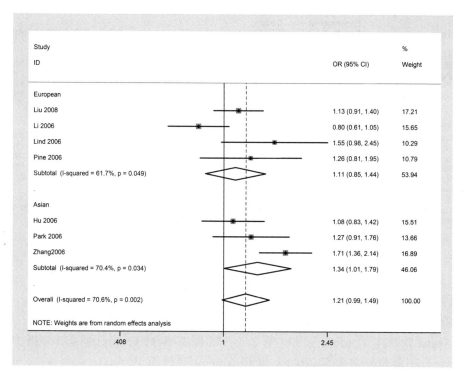

图 2-6-34 Stata 中亚组分析的森林图

```
                OR              95%-CI  %W(random)
Liu 2008    1.1327  [0.9139; 1.4039]      18.54
Li 2006     0.8016  [0.6147; 1.0452]      16.04
Lind 2006   1.5481  [0.9784; 2.4495]       9.05
Pine 2006   1.2600  [0.8132; 1.9522]       9.61
Hu 2006     1.0842  [0.8276; 1.4203]      15.83
Park 2006   1.2674  [0.9101; 1.7650]      13.19
Zhang 2006  0.8067  [0.6408; 1.0155]      17.75


Number of trials combined: 7

                          OR           95%-CI       z  p.value
Random effects model 1.0568  [0.8912; 1.2532] 0.6353   0.5252


Quantifying heterogeneity:
tau^2 = 0.0288; H = 1.53 [1; 2.32]; I^2 = 57.1% [0.5%; 81.5%]


Test of heterogeneity (random effects model):
                    Q d.f.      OR           95%-CI  p.value
Total           13.99    6      --               --   0.0298
Between groups   0.20    6      --               --   0.9998
race = European    --    3 1.1059  [0.8519; 1.4355]      --
race = Asian       --    2 1.0152  [0.7787; 1.3235]      --

Method: Mantel-Haenszel method
```

图 2-6-35 R 软件中亚组分析的合并效应量

● forest（metaryzx）（图 2-6-36）

（3）rmeta 包：无相应命令。

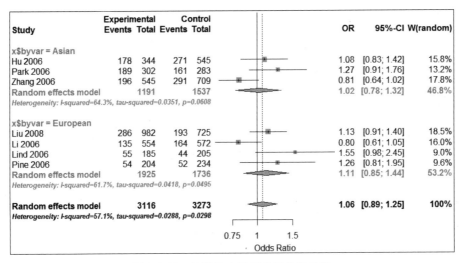

图2-6-36　R软件中亚组分析的森林图

（二）meta回归

1．RevMan软件中的meta回归　RevMan不提供meta回归分析功能。

2．Stata软件中的meta回归（图2-6-37、图2-6-38）　meta回归分析中协变量（covariates）不能是字符变量，因此，将European赋值为1，Asian赋值为2，创建名为"racenum"的新变量。

● gen logES＝log（_ES）

```
Meta-regression                                     Number of obs    =        7
REML estimate of between-study variance             tau2             =  .04287
% residual variation due to heterogeneity           I-squared_res    =  65.72%
Proportion of between-study variance explained      Adj R-squared    =   8.67%
With Knapp-Hartung modification
```

logES	Coef.	Std. Err.	t	P>|t|	[95% Conf. Interval]	
racenum	.1939335	.1970417	0.98	0.370	-.3125783	.7004452
_cons	-.0927778	.3046322	-0.30	0.773	-.8758597	.6903042

图2-6-37　Stata中meta回归结果

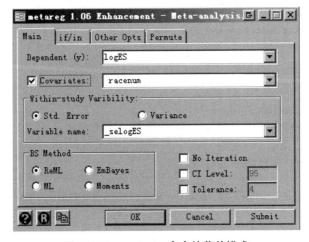

图2-6-38　metareg命令的菜单模式

● metareg logES racenum，wsse（_selogES）bsest（reml）

3．R 软件中的 meta 回归

（1）metafor 包（图 2-6-39）

● metaryzx = rma.uni（ai = a, bi = b, ci = c, di = d, data = ryzx, measure = "OR"，mods = race, method = "REML", slab = study）

● coef（metaryzx）

```
              estimate          se       zval       pval       ci.lb      ci.ub
intrcpt    0.19752173   0.2375406   0.8315281   0.4056753   -0.2680494   0.6630928
mods      -0.05862066   0.1476016  -0.3971546   0.6912534   -0.3479145   0.2306732
```

图 2-6-39　R 软件中 metafor 包 meta 回归结果

（2）meta 包：无相应命令。

（3）rmeta 包：无相应命令。

三、固定效应模型和随机效应模型

理论上来说，对于同质研究采用固定效应模型分析，对存在异质性的研究间结果合并应使用随机效应模型分析。但事实上，不同研究间均存在不同程度的异质性，均应选用随机效应模型分析。全部研究效果方向与效应大小基本相同，亦即各独立研究的结果趋于一致性是应用固定效应模型的前提。因此，在保证临床同质性的前提下，无统计学异质性研究合并可采用固定效应模型或随机效应模型分析；而对于存在统计学异质性研究合并，常采用随机效应模型分析合并结果。事实上，当研究间不存在异质性时，固定效应模型与随机效应模型计算结果一致，当研究间存在异质性时，随机效应模型计算所得可信区间较固定效应模型为大，因此结果更为"保守"。

四、效应量的选择

1．连续型变量资料有 *WMD*（加权均数，weighted mean difference）和 *SMD*（标准化均差，standardized mean difference）。

2．二分类资料的效应值指标有相对危险度（relative risk，*RR*）、比值比（odds ratio，*OR*）、危险度差值（risk difference，*RD*）。

3．若为等级资料或多分类资料，由于受方法学限制，数据需要转化成上述两种类型。

4．生存资料的效应指标是危险比（hazard ratio，*HR*）有时候也可当作二分类变量处理，采用 *RR*、*OR* 或 *RD*。

五、敏感性分析

（一）RevMan 软件中的敏感性分析

无相应命令。

（二）Stata 软件中的敏感性分析

● metaninf a b c d, label（namevar = study）randomi or

结果如图 2-6-40～图 2-6-43 所示。

```
Study omitted     |   Estimate   [95%  Conf.  Interval]
------------------+-----------------------------------------
Liu 2008          |   1.2307754   .95338845   1.5888675
Li 2006           |   1.3058863   1.1027743   1.5464079
Lind 2006         |   1.1780249   .94388145   1.4702511
Pine 2006         |   1.2068359   .95954269   1.5178614
Hu 2006           |   1.2382208   .97159743   1.5780103
Park 2006         |   1.2045096   .94953001   1.5279593
Zhang2006         |   1.1128812   .94190484   1.3148934
------------------+-----------------------------------------
Combined          |   1.2116522   .98694812   1.4875159
```

图 2-6-40 Stata 中敏感性分析结果表

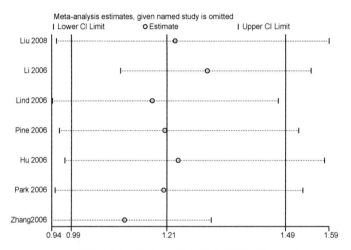

图 2-6-41 Stata 中敏感性分析结果图

图 2-6-42 metaninf 命令的 Main 选项卡

（三）R 软件中的敏感性分析

1. metafor 包（图 2-6-44）

● leave1out（metaryzx）

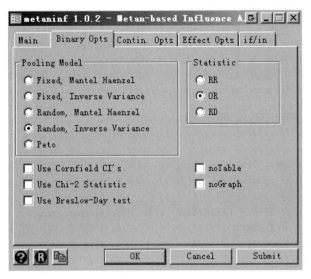

图 2-6-43 metaninf 命令的 Binary Opts 选项卡

```
          estimate    se   zval   pval  ci.lb  ci.ub      Q     Qp   tau2      I2      H2
Liu 2008    0.1067 0.0868 1.2290 0.2191 -0.0635 0.2769 8.7051 0.1214 0.0187 42.5624 1.7410
Li 2006     0.1584 0.0602 2.6331 0.0085  0.0405 0.2763 2.2356 0.8157 0.0000  0.0000 1.0000
Lind 2006   0.0776 0.0660 1.1761 0.2396 -0.0517 0.2068 6.5498 0.2563 0.0061 23.6619 1.3100
Pine 2006   0.0959 0.0757 1.2671 0.2051 -0.0525 0.2443 8.4070 0.1352 0.0136 40.5257 1.6814
Hu 2006     0.1149 0.0834 1.3786 0.1680 -0.0485 0.2783 8.7830 0.1180 0.0173 43.0717 1.7566
Park 2006   0.0881 0.0766 1.1510 0.2497 -0.0620 0.2382 8.0170 0.1553 0.0128 37.6322 1.6034
Zhang 2006  0.1070 0.0851 1.2567 0.2089 -0.0599 0.2738 8.7362 0.1201 0.0179 42.7668 1.7472
```

图 2-6-44 R 软件中 metafor 包敏感性分析结果

2. meta 包（图 2-6-45）

● metainf（metaryzx）

```
Influential analysis (Random effects model)

                        OR          95%-CI      p.value    tau^2     I^2
Omitting Liu 2008     1.0479  [0.8528; 1.2878]   0.6561   0.0389   61.1%
Omitting Li 2006      1.1093  [0.9314; 1.3212]   0.2447   0.0229   50.4%
Omitting Lind 2006    1.0148  [0.8597; 1.1979]   0.8618   0.0222   53.2%
Omitting Pine 2006    1.0388  [0.8637; 1.2493]   0.6863   0.0317   61.7%
Omitting Hu 2006      1.0588  [0.8634; 1.2986]   0.583    0.0393   63.7%
Omitting Park 2006    1.0289  [0.8548; 1.2384]   0.7635   0.0301   59.0%
Omitting Zhang 2006   1.1129  [0.9419; 1.3149]   0.2089   0.0179   42.8%

Pooled estimate       1.0568  [0.8912; 1.2532]   0.5252   0.0288   57.1%

Method: Mantel-Haenszel method
```

图 2-6-45 R 软件中 meta 包敏感性分析结果

3. rmeta 包

无相应命令。

第七章

发表偏倚检验

第一节　发表偏倚的检验方法

通常阳性结果较阴性结果更易发表,这使得我们不得不面对文献发表偏倚的问题,有多种方法可以评估 meta 分析文献发表偏倚,但每种方法检测的敏感性均不高。最常用的有倒漏斗图、Egger 法、Begg 法、Trim 法及计算失安全系数等。

一、漏斗图

漏斗图是一种以视觉观察以识别是否存在发表偏倚的方法,是 Cochrane Handbook 推荐使用的方法。此法以治疗效应为横坐标,样本量为纵坐标作散点图,通过视觉观察是否对称。如果漏斗图显示大部分研究处于"倒漏斗"的上部而基底部研究少,且左右大致对称,则提示发表偏倚不明显,反之则提示存在明显发表偏倚。这种方法具体直观,简单的特点,但无法对图形的对称性作出精确检验。因此,Egger 和 Begg 在此基础上分别提出对漏斗图对称性进行客观检验的方法。

二、Begg 和 Egger 法

此法实质上是用统计学方法对漏斗图进行检验,Egger 法采用直线回归,而 Begg 则采用直线相关进行检验。回归方程通式可以表示为: $OR/SE = a + b*1/SE$,即以考查变量的 OR 值的标准误之倒数为自变量,以 OR 值除以其标准误为因变量。它实际上是对截距是否为零进行检验,若截距为零则无发表偏倚,反之则提示存在发表偏倚。Begg 法与此类似,有研究认为当纳入研究数较少或发表偏倚较小时,Egger 较 Begg 更敏感。

三、Trim 法

亦称剪补法,多数学者认为此法较 Egger 或 Begg 法敏感均较高。从其实质上来说,Trim 法为敏感性分析方法的一种。其中心思想是:在漏斗图不对称的基础上,剪去不对称部分,然后沿中心两侧粘补上被剪切部分及相应的遗漏部分,最后基于剪补后的漏斗图进行效应量合并;观察剪补前后效应量的改变,从而估计发表偏倚对 meta 分析结果的影响。

四、失安全系数

计算失安全系数可以估计发表偏倚大小,其值常通过 Z 计算得出。在计数资料研究中,$Z = \sqrt{\chi^2}$;在计量资料中,$Z = t$;在 α 确定情况下,失安全系数大小仅与纳入研究个数有关,当

$\alpha = 0.05$ 或 0.01 时,其计算公式分别为:$N_{fs0.05} = (\sum \dfrac{Z}{1.64})^2 - k$;$N_{fs0.01} = (\sum \dfrac{Z}{2.33})^2 - k$。失安全系数的实质为当 meta 分析结果有统计学意义时,为排除发表发表偏倚的可能,最少需要多少个未发表的无统计学意义的"阴性研究"才能使 meta 分析结果发生逆转。因此,失安全系数越大,说明发表偏倚越小,meta 分析结果越稳定,目前常用的进行 meta 分析的软件尚未提供失安全系数的计算,读者可根据上述公式使用软件自行编制以简便计算过程。

第二节 循证医学软件中发表偏倚的检验

一、Review Manager 中发表偏倚的检验

RevMan 中只能使用漏斗图对发表偏倚进行检验。

二、Stata 中发表偏倚的检验

绘制 Begg 图的命令格式如下:
- metabias 效应量 效应量的标准误,graph(begg)

绘制 Egger 图的命令格式如下:
- metabias 效应量 效应量的标准误,graph(egger)

绘制剪补图的命令格式如下:
- metatrim 效应量 效应量的标准误,funnel

执行 mctan 命令后,根据 *OR*、*RR*、*RD*、*WMD* 和 *SMD* 例子中的效应量及效应量的标准误,输入命令:

(一)OR 例子

- gen logES = log(_ES)(图 2-7-1)

```
Tests for Publication Bias

Begg's Test

  adj. Kendall's Score (P-Q) =        -6
         Std. Dev. of Score =      4.08
          Number of Studies =         5
                          z =     -1.47
                  Pr > |z| =     0.142
                          z =      1.22  (continuity corrected)
                  Pr > |z| =     0.221  (continuity corrected)

Egger's test
```

Std_Eff	Coef.	Std. Err.	t	P>|t|	[95% Conf. Interval]	
slope	-.3990975	.2752692	-1.45	0.243	-1.275127	.4769321
bias	-1.451217	.6077104	-2.39	0.097	-3.385223	.4827887

图 2-7-1 Stata 中 *OR* 例子的发表偏倚检验结果

- metabias logES _selogES,graph(begg)(图 2-7-2)
- metabias logES _selogES,graph(egger)(图 2-7-3)
- metatrim logES _selogES,funnel(图 2-7-4、图 2-7-5)

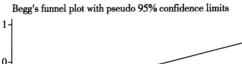

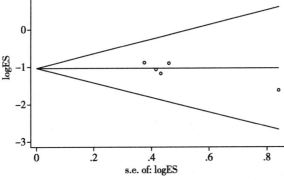

图 2-7-2 Stata 中 *OR* 例子的 Begg 漏斗图

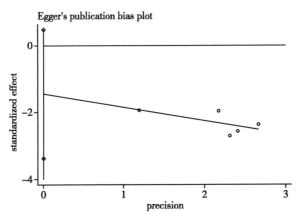

图 2-7-3 Stata 中 *OR* 例子的 Egger 漏斗图

```
Meta-analysis

        |  Pooled     95% CI           Asymptotic       No. of
Method  |   Est   Lower   Upper    z_value   p_value    studies
--------+-----------------------------------------------------
Fixed   | -1.039  -1.436  -0.642    -5.129    0.000        5
Random  | -1.039  -1.436  -0.642    -5.129    0.000

Test for heterogeneity: Q=  0.842 on 4 degrees of freedom (p= 0.933)
Moment-based estimate of between studies variance =  0.000

Trimming estimator: Linear
Meta-analysis type: Fixed-effects model

iteration |  estimate    Tn    # to trim    diff
----------+----------------------------------------
    1     |   -1.039      7        0         15
    2     |   -1.039      7        0          0

Note: no trimming performed; data unchanged

Filled
Meta-analysis

        |  Pooled     95% CI           Asymptotic       No. of
Method  |   Est   Lower   Upper    z_value   p_value    studies
--------+-----------------------------------------------------
Fixed   | -1.039  -1.436  -0.642    -5.129    0.000        5
Random  | -1.039  -1.436  -0.642    -5.129    0.000

Test for heterogeneity: Q=  0.842 on 4 degrees of freedom (p= 0.933)
Moment-based estimate of between studies variance =  0.000
```

图 2-7-4 Stata 中 *OR* 例子的剪补法结果

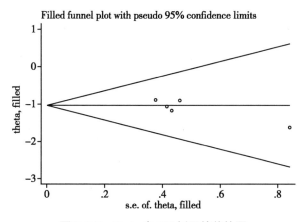

图 2-7-5　Stata 中 *OR* 例子的剪补图

（二）*RR* 例子

- gen logES＝log（_ES）（图 2-7-6）
- metabias logES _selogES，graph（begg）（图 2-7-7）

```
Tests for Publication Bias

Begg's Test

  adj. Kendall's Score (P-Q) =       4
        Std. Dev. of Score =      4.08
        Number of Studies =         5
                     Z =       0.98
             Pr > |z| =      0.327
                     Z =       0.73 (continuity corrected)
             Pr > |z| =      0.462 (continuity corrected)

Egger's test
```

Std_Eff	Coef.	Std. Err.	t	P>|t|	[95% Conf. Interval]	
slope	−.002128	.3897569	−0.01	0.996	−1.242508	1.238252
bias	1.270034	1.525851	0.83	0.466	−3.585905	6.125974

图 2-7-6　Stata 中 *RR* 例子的发表偏倚检验结果

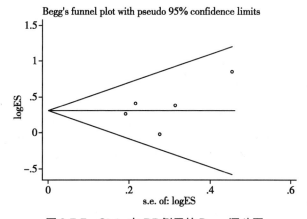

图 2-7-7　Stata 中 *RR* 例子的 Begg 漏斗图

● metabias logES _selogES，graph（egger）（图 2-7-8）

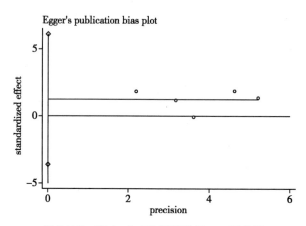

图 2-7-8　Stata 中 *RR* 例子的 Egger 漏斗图

● metatrim logES _selogES，funnel（图 2-7-9、图 2-7-10）

```
Meta-analysis

        | Pooled      95% CI        Asymptotic       No. of
Method  |   Est    Lower   Upper  z_value  p_value    studies
--------+-------------------------------------------------------
Fixed   |  0.310   0.086   0.534   2.715    0.007       5
Random  |  0.310   0.086   0.534   2.715    0.007

Test for heterogeneity: Q=  3.168 on 4 degrees of freedom (p= 0.530)
Moment-based estimate of between studies variance =  0.000

Trimming estimator: Linear
Meta-analysis type: Fixed-effects model

iteration | estimate   Tn    # to trim     diff
----------+------------------------------------------
    1     |   0.310    10        1          15
    2     |   0.273    10        1          0

Filled
Meta-analysis

        | Pooled      95% CI        Asymptotic       No. of
Method  |   Est    Lower   Upper  z_value  p_value    studies
--------+-------------------------------------------------------
Fixed   |  0.273   0.056   0.491   2.469    0.014       6
Random  |  0.273   0.056   0.491   2.469    0.014

Test for heterogeneity: Q=  4.897 on 5 degrees of freedom (p= 0.429)
Moment-based estimate of between studies variance =  0.000
```

图 2-7-9　Stata 中 *RR* 例子的剪补法结果

（三）*RD* 例子

● metabias _ES _seES，graph（begg）（图 2-7-11、图 2-7-12）

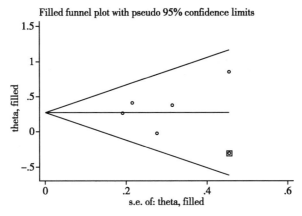

图 2-7-10　Stata 中 *RR* 例子的剪补图

```
Tests for Publication Bias

Begg's Test

   adj. Kendall's Score (P-Q) =        0
          Std. Dev. of Score =     4.08
          Number of Studies =        5
                           z =     0.00
                   Pr > |z| =     1.000
                           z =    -0.24  (continuity corrected)
                   Pr > |z| =     1.000  (continuity corrected)

Egger's test
```

Std_Eff	Coef.	Std. Err.	t	P>|t|	[95% Conf. Interval]
slope	−.1658798	.2150576	−0.77	0.497	−.8502891　.5185295
bias	1.960584	3.244204	0.60	0.588	−8.363922　12.28509

图 2-7-11　Stata 中 *RD* 例子的发表偏倚检验结果

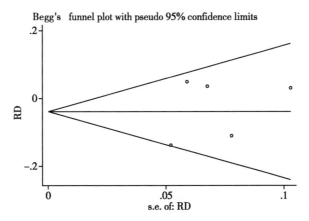

图 2-7-12　Stata 中 *RD* 例子的 Begg 漏斗图

● metabias _ES _seES，graph（egger）（图 2-7-13）

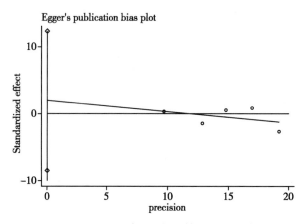

图 2-7-13　Stata 中 *RD* 例子的 Egger 漏斗图

● metatrim _ES _seES，funnel（图 2-7-14、图 2-7-15）

```
Meta-analysis

        | Pooled       95% CI         Asymptotic       No. of
Method  |   Est    Lower   Upper    z_value  p_value    studies
--------+-----------------------------------------------------------
Fixed   | -0.039  -0.097   0.019    -1.316   0.188        5
Random  | -0.032  -0.119   0.055    -0.727   0.467

Test for heterogeneity: Q= 8.365 on 4 degrees of freedom (p= 0.079)
Moment-based estimate of between studies variance =  0.005

Trimming estimator: Linear
Meta-analysis type: Fixed-effects model

iteration | estimate    Tn    # to trim     diff
----------+----------------------------------------------
    1     |  -0.039      8        0          15
    2     |  -0.039      8        0           0

Note: no trimming performed; data unchanged

Filled
Meta-analysis

        | Pooled       95% CI         Asymptotic       No. of
Method  |   Est    Lower   Upper    z_value  p_value    studies
--------+-----------------------------------------------------------
Fixed   | -0.039  -0.097   0.019    -1.316   0.188        5
Random  | -0.032  -0.119   0.055    -0.727   0.467

Test for heterogeneity: Q= 8.365 on 4 degrees of freedom (p= 0.079)
Moment-based estimate of between studies variance =  0.005
```

图 2-7-14　Stata 中 *RD* 例子的剪补法结果

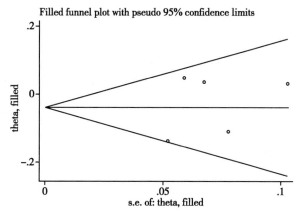

图 2-7-15 Stata 中 *RD* 例子的剪补图

（四）*WMD* 例子

● metabias _ES _seES，graph（begg）（图 2-7-16、图 2-7-17）

```
Begg's Test

adj. Kendall's Score (P-Q) =        8
          Std. Dev. of Score =     4.08
          Number of Studies =        5
                        z =     1.96
                   Pr > |z| =    0.050
                        z =     1.71 (continuity corrected)
                   Pr > |z| =    0.086 (continuity corrected)

Egger's test
```

Std_Eff	Coef.	Std. Err.	t	P>|t|	[95% Conf. Interval]	
slope	−1.32246	.5923296	−2.23	0.112	−3.207517	.5625976
bias	2.978328	1.53563	1.94	0.148	−1.908734	7.865389

图 2-7-16 Stata 中 *WMD* 例子的发表偏倚检验结果

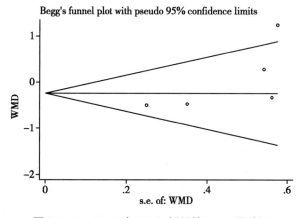

图 2-7-17 Stata 中 *WMD* 例子的 Begg 漏斗图

● metabias _ES _seES，graph（egger）（图 2-7-18）

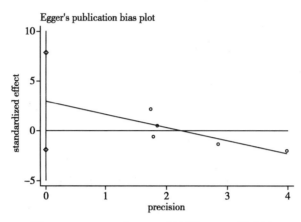

图 2-7-18　Stata 中 *WMD* 例子的 Egger 漏斗图

● metatrim _ES _seES，funnel（图 2-7-19，图 2-7-20）

```
Note: default data input format (theta, se_theta) assumed.
Meta-analysis

        | Pooled       95% CI        Asymptotic      No. of
Method  |  Est    Lower   Upper   z_value  p_value   studies
--------+-----------------------------------------------------
Fixed   | -0.241  -0.579   0.097   -1.397   0.163     5
Random  | -0.080  -0.642   0.482   -0.278   0.781

Test for heterogeneity: Q= 9.065 on 4 degrees of freedom (p= 0.060)
Moment-based estimate of between studies variance = 0.218

Trimming estimator: Linear
Meta-analysis type: Fixed-effects model

iteration | estimate    Tn    # to trim    diff
----------+--------------------------------------
    1     |  -0.241      9        1          15
    2     |  -0.387     10        1           2
    3     |  -0.387     10        1           0

Filled
Meta-analysis

        | Pooled       95% CI        Asymptotic      No. of
Method  |  Est    Lower   Upper   z_value  p_value   studies
--------+-----------------------------------------------------
Fixed   | -0.387  -0.711  -0.063   -2.342   0.019     6
Random  | -0.318  -0.987   0.351   -0.931   0.352

Test for heterogeneity: Q= 17.773 on 5 degrees of freedom (p= 0.003)
Moment-based estimate of between studies variance = 0.476
```

图 2-7-19　Stata 中 *WMD* 例子的剪补法结果

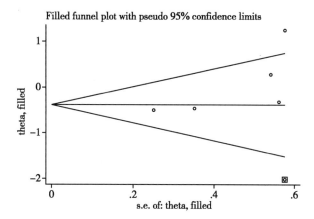

图 2-7-20　Stata 中 *WMD* 例子的剪补图

（五）*SMD* 例子

● metabias _ES _seES，graph（begg）（图 2-7-21、图 2-7-22）

```
Tests for Publication Bias

Begg's Test

  adj. Kendall's Score (P-Q) =        4
          Std. Dev. of Score =     4.08
           Number of Studies =        5
                           z =     0.98
                    Pr > |z| =    0.327
                           z =     0.73 (continuity corrected)
                    Pr > |z| =    0.462 (continuity corrected)

Egger's test
```

Std_Eff	Coef.	Std. Err.	t	P>|t|	[95% Conf. Interval]	
slope	−1.416818	1.056505	−1.34	0.272	−4.779089	1.945453
bias	12.1809	9.291025	1.31	0.281	−17.38729	41.74908

图 2-7-21　Stata 中 *SMD* 例子的发表偏倚检验结果

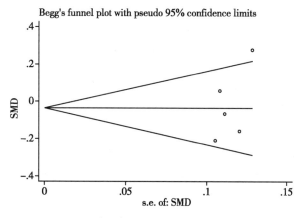

图 2-7-22　Stata 中 *SMD* 例子的 Begg 漏斗图

● metabias _ES _seES，graph（egger）（图 2-7-23）

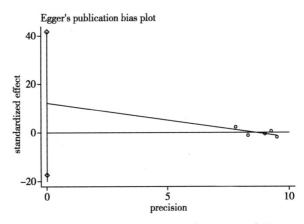

图 2-7-23　Stata 中 *SMD* 例子的 Egger 漏斗图

● metatrim _ES _seES，funnel（图 2-7-24、图 2-7-25）

```
Meta-analysis

         | Pooled     95% CI        Asymptotic       No. of
Method   |   Est   Lower   Upper   z_value  p_value   studies
---------+-------------------------------------------------------
Fixed    | -0.035  -0.135   0.064  -0.694    0.488       5
Random   | -0.027  -0.189   0.136  -0.321    0.748

Test for heterogeneity: Q= 10.495 on 4 degrees of freedom (p= 0.033)
Moment-based estimate of between studies variance =  0.021

Trimming estimator: Linear
Meta-analysis type: Fixed-effects model

iteration | estimate   Tn    # to trim    diff
----------+----------------------------------------
    1     |  -0.035     7         0         15
    2     |  -0.035     7         0          0

Note: no trimming performed; data unchanged

Filled
Meta-analysis

         | Pooled     95% CI        Asymptotic       No. of
Method   |   Est   Lower   Upper   z_value  p_value   studies
---------+-------------------------------------------------------
Fixed    | -0.035  -0.135   0.064  -0.694    0.488       5
Random   | -0.027  -0.189   0.136  -0.321    0.748

Test for heterogeneity: Q= 10.495 on 4 degrees of freedom (p= 0.033)
Moment-based estimate of between studies variance =  0.021
```

图 2-7-24　Stata 中 *SMD* 例子的剪补法结果

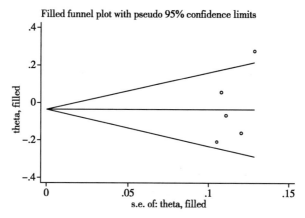

图 2-7-25　Stata 中 *SMD* 例子的剪补图

三、R 软件中发表偏倚的检验

1. metafor 包

metafor 包中绘制 Begg 图的命令格式如下：

● ranktest（meta 分析结果）

metafor 包中绘制 Egger 图的命令格式如下：

● regtest（meta 分析结果）

metafor 包中绘制剪补图的命令格式如下：

● trimfill（meta 分析结果）

其中，ranktest 和 regtest 使用的 meta 分析结果需 rma 命令产生，而 trimfill 使用的 meta 分析结果必须是由 rma.uni 命令产生。

2. meta 包

meta 包中绘制 Begg 图的命令格式如下：

● metabias（meta 分析结果，method = "rank"）

meta 包中绘制 Egger 图的命令格式如下：

● metabias（meta 分析结果，method = "linreg"）

meta 包中绘制剪补图的命令格式如下：

● trimfill（meta 分析结果）

3. rmeta 包

rmeta 包中无相关命令。

（一）*OR* 例子

1. metafor 包（图 2-7-26）

● ranktest（metaror）

```
Rank Correlation Test for Funnel Plot Asymmetry

Kendall's tau = -0.6000, p = 0.2333
```

图 2-7-26　R 软件中 metafor 包 *OR* 例子的 Egger 检验结果

● regtest（metaror）（图 2-7-27）

```
Regression Test for Funnel Plot Asymmetry

model:     fixed-effects meta-regression model
predictor: standard error

z = -0.7428, p = 0.4576
```

图 2-7-27　R 软件中 metafor 包 *OR* 例子的 Begg 检验结果

2. meta 包

● metabias（metaror，method = "rank"）（图 2-7-28）

```
        Rank correlation test of funnel plot asymmetry

data:  metaror
z = -1.4697, p-value = 0.1416
alternative hypothesis: asymmetry in funnel plot
sample estimates:
       ks      se.ks
-6.000000   4.082483
```

图 2-7-28　R 软件中 meta 包 *OR* 例子的 Egger 检验结果

● metabias（metaror，method = "linreg"）（图 2-7-29）

```
        Linear regression test of funnel plot asymmetry

data:  metaror
t = -2.388, df = 3, p-value = 0.09692
alternative hypothesis: asymmetry in funnel plot
sample estimates:
       bias      se.bias       slope
-1.4512170   0.6077102   -0.3990975
```

图 2-7-29　R 软件中 meta 包 *OR* 例子的 Begg 检验结果

● trimfill（metaror）（图 2-7-30）

（二）*RR* 例子

1. metafor 包

● ranktest（metarrr）（图 2-7-31）

● regtest（metarrr）（图 2-7-32）

```
                 OR            95%-CI  %W(fixed)
Lu 2003    0.3096   [0.1326; 0.7227]      21.93
Wang 2001  0.1964   [0.0378; 1.0198]       5.81
Shen 2003  0.4056   [0.1646; 0.9993]      19.39
Gu 2004    0.4118   [0.1972; 0.8599]      29.08
Ma 1999    0.3434   [0.1522; 0.7751]      23.79


Number of trials combined: 5


                      OR           95%-CI       z  p.value
Fixed effect model 0.3538  [0.2379; 0.5263] -5.129 < 0.0001

Quantifying heterogeneity:
tau^2 < 0.0001; H = 1 [1; 1.01]; I^2 = 0% [0%; 1.2%]

Test of heterogeneity:
   Q d.f.  p.value
 0.84   4   0.9327

Method: Inverse variance method
```

图 2-7-30 R 软件中 meta 包 OR 例子的剪补法结果

```
Rank Correlation Test for Funnel Plot Asymmetry

Kendall's tau = 0.6000, p = 0.2333
```

图 2-7-31 R 软件中 metafor 包 RR 例子的 Egger 检验结果

```
Regression Test for Funnel Plot Asymmetry

model:     fixed-effects meta-regression model
predictor: standard error

z = 1.7688, p = 0.0769
```

图 2-7-32 R 软件中 metafor 包 RR 例子的 Begg 检验结果

2. meta 包

● metabias（metarrr, method = "rank"）（图 2-7-33）

```
         Rank correlation test of funnel plot asymmetry

data: metarrr
z = 0.9798, p-value = 0.3272
alternative hypothesis: asymmetry in funnel plot
sample estimates:
     ks     se.ks
4.000000 4.082483
```

图 2-7-33 R 软件中 meta 包 RR 例子的 Egger 检验结果

- metabias（metarrr，method = "linreg"）（图 2-7-34）

```
       Linear regression test of funnel plot asymmetry

data: metarrr
t = 0.8323, df = 3, p-value = 0.4663
alternative hypothesis: asymmetry in funnel plot
sample estimates:
        bias       se.bias        slope
 1.270034849  1.525851182  -0.002128105
```

图 2-7-34　R 软件中 meta 包 *RR* 例子的 Begg 检验结果

- trimfill（metarrr）（图 2-7-35）

```
                       RR          95%-CI    %W(fixed)
Blondal 1989         1.5082  [0.9874; 2.3037]   26.28
Campbell 1991        0.9813  [0.5709; 1.6867]   16.07
Fagerstrom 1982      1.3043  [0.8955; 1.8998]   33.34
Fee 1982             1.4652  [0.7914; 2.7128]   12.43
Garcia 1989          2.3471  [0.9630; 5.7203]    5.94
Filled: Garcia 1989  0.7362  [0.3021; 1.7944]    5.94

Number of trials combined: 6

                       RR          95%-CI        z   p.value
Fixed effect model   1.3145  [1.058; 1.6333]  2.4685   0.0136

Quantifying heterogeneity:
tau^2 < 0.0001; H = 1 [1; 1.96]; I^2 = 0% [0%; 74.1%]

Test of heterogeneity:
  Q d.f.  p.value
 4.9   5   0.4286

Method: Inverse variance method
```

图 2-7-35　R 软件中 meta 包 *RR* 例子的剪补法结果

（三）*RD* 例子

1. metafor 包

- ranktest（metarrd）（图 2-7-36）

```
Rank Correlation Test for Funnel Plot Asymmetry

Kendall's tau = 0.0000, p = 1.0000
```

图 2-7-36　R 软件中 metafor 包 *RD* 例子的 Egger 检验结果

- regtest（metarrd）（图 2-7-37）

```
Regression Test for Funnel Plot Asymmetry

model:      mixed-effects meta-regression model
predictor: standard error

z = 0.5206, p = 0.6027
```

图 2-7-37　R 软件中 metafor 包 *RD* 例子的 Begg 检验结果

● trimfill（metarrd）（图 2-7-38）

```
Estimated number of missing studies on the left side is zero.

Random-Effects Model (k = 5; tau^2 estimator: DL)

tau^2 (estimate of total amount of heterogeneity): 0.0050
tau (sqrt of the estimate of total heterogeneity): 0.0708
I^2 (% of total variability due to heterogeneity): 52.18%
H^2 (total variability / sampling variability):   2.09

Test for Heterogeneity:
Q(df = 4) = 8.3646, p-val = 0.0791

Model Results:

estimate       se      zval     pval     ci.lb     ci.ub
 -0.0323    0.0444   -0.7269   0.4673   -0.1194    0.0548


---
Signif. codes:  0 '***' 0.001 '**' 0.01 '*' 0.05 '.' 0.1 ' ' 1
```

图 2-7-38　R 软件中 metafor 包 *RD* 例子的剪补法结果

2. meta 包

● metabias（metarrd，method = "rank"）（图 2-7-39）

```
        Rank correlation test of funnel plot asymmetry

data:  metarrd
z = 0, p-value = 1
alternative hypothesis: asymmetry in funnel plot
sample estimates:
     ks      se.ks
0.000000 4.082483
```

图 2-7-39　R 软件中 meta 包 *RD* 例子的 Egger 检验结果

● metabias（metarrd，method = "linreg"）（图 2-7-40）

● trimfill（metarrd）（图 2-7-41）

（四）*WMD* 例子

1. metafor 包

● ranktest（metarwmd）（图 2-7-42）

```
              Linear regression test of funnel plot asymmetry

data:  metarrd
t = 0.6043, df = 3, p-value = 0.5883
alternative hypothesis: asymmetry in funnel plot
sample estimates:
      bias     se.bias       slope
  1.9605846  3.2442044  -0.1658798
```

图 2-7-40　R 软件中 meta 包 *RD* 例子的 Begg 检验结果

```
                     RD                 95%-CI  %W(random)
Hartman 1998      -0.1098  [-0.2619;  0.0424]      17.88
AHS 1998          -0.1381  [-0.2401; -0.0361]      25.56
ATBC 2001          0.0310  [-0.1708;  0.2327]      12.65
CARET 2003         0.0484  [-0.0670;  0.1638]      23.27
Weinstein 2005     0.0361  [-0.0961;  0.1683]      20.64

Number of trials combined: 5

                         RD             95%-CI       z  p.value
Random effects model -0.0323  [-0.1194; 0.0548] -0.7269   0.4673

Quantifying heterogeneity:
tau^2 = 0.0050; H = 1.45 [1; 2.39]; I^2 = 52.2% [0%; 82.4%]

Test of heterogeneity:
   Q d.f.  p.value
 8.36    4   0.0791

Method: Inverse variance method
```

图 2-7-41　R 软件中 meta 包 *RD* 例子的剪补法结果

```
Rank Correlation Test for Funnel Plot Asymmetry

Kendall's tau = 0.8000, p = 0.0833
```

图 2-7-42　R 软件中 metafor 包 *WMD* 例子的 Egger 检验结果

● regtest（metarwmd）（图 2-7-43）

```
Regression Test for Funnel Plot Asymmetry

model:     mixed-effects meta-regression model
predictor: standard error

z = 1.9317, p = 0.0534
```

图 2-7-43　R 软件中 metafor 包 *WMD* 例子的 Begg 检验结果

● trimfill（metarwmd）（图 2-7-44）

```
Estimated number of missing studies on the left side is zero.

Random-Effects Model (k = 5; tau^2 estimator: DL)

tau^2 (estimate of total amount of heterogeneity): 0.2181
tau (sqrt of the estimate of total heterogeneity): 0.4670
I^2 (% of total variability due to heterogeneity): 56.03%
H^2 (total variability / sampling variability):    2.27

Test for Heterogeneity:
Q(df = 4) = 9.0971, p-val = 0.0587

Model Results:

estimate        se      zval      pval     ci.lb      ci.ub
 -0.0787    0.2865   -0.2747    0.7836   -0.6402     0.4828


---
Signif. codes:  0 '***' 0.001 '**' 0.01 '*' 0.05 '.' 0.1 ' ' 1
```

图 2-7-44　R 软件中 metafor 包 *WMD* 例子的剪补法结果

2. meta 包

● ranktest（metarwmd）（图 2-7-45）

```
        Rank correlation test of funnel plot asymmetry

data:  metarwmd
z = 1.9596, p-value = 0.05004
alternative hypothesis: asymmetry in funnel plot
sample estimates:
      ks     se.ks
8.000000 4.082483
```

图 2-7-45　R 软件中 meta 包 *WMD* 例子的 Egger 检验结果

● regtest（metarwmd）（图 2-7-46）

```
        Linear regression test of funnel plot asymmetry

data:  metarwmd
t = 1.9455, df = 3, p-value = 0.1469
alternative hypothesis: asymmetry in funnel plot
sample estimates:
     bias    se.bias      slope
 3.007652   1.545977  -1.330242
```

图 2-7-46　R 软件中 meta 包 *WMD* 例子的 Begg 检验结果

● trimfill（metarwmd）（图 2-7-47）

```
              MD            95%-CI  %W(random)
1          1.2400  [ 0.1118;  2.3682]     14.42
2         -0.3300  [-1.4295;  0.7695]     14.72
3         -0.4700  [-1.1575;  0.2175]     19.45
4         -0.5000  [-0.9922; -0.0078]     21.63
5          0.2800  [-0.7612;  1.3212]     15.36
Filled: 1 -2.0089  [-3.1371; -0.8808]     14.42


Number of trials combined: 6

                       MD          95%-CI       z  p.value
Random effects model -0.316  [-0.9836; 0.3515] -0.9279   0.3535

Quantifying heterogeneity:
tau^2 = 0.4733; H = 1.89 [1.24; 2.87]; I^2 = 71.9% [34.9%; 87.8%]

Test of heterogeneity:
    Q d.f.  p.value
 17.77    5   0.0032

Method: Inverse variance method
```

图 2-7-47　R 软件中 meta 包 *WMD* 例子的剪补法结果

（五）*SMD* 例子

1. metafor 包

● ranktest（metarsmd）（图 2-7-48）

```
Rank Correlation Test for Funnel Plot Asymmetry

Kendall's tau = 0.6000, p = 0.2333
```

图 2-7-48　R 软件中 metafor 包 *SMD* 例子的 Egger 检验结果

● regtest（metarsmd）（图 2-7-49）

```
Regression Test for Funnel Plot Asymmetry

model:     mixed-effects meta-regression model
predictor: standard error

z = 0.9096, p = 0.3631
```

图 2-7-49　R 软件中 metafor 包 *SMD* 例子的 Begg 检验结果

● trimfill（metarsmd）（图 2-7-50）

```
Estimated number of missing studies on the left side is zero.

Random-Effects Model (k = 5; tau^2 estimator: DL)

tau^2 (estimate of total amount of heterogeneity): 0.0683
tau (sqrt of the estimate of total heterogeneity): 0.2614
I^2 (% of total variability due to heterogeneity): 52.17%
H^2 (total variability / sampling variability):   2.09

Test for Heterogeneity:
Q(df = 4) = 8.3631, p-val = 0.0791

Model Results:

estimate        se      zval      pval     ci.lb      ci.ub
 -0.1952    0.1631   -1.1970    0.2313   -0.5149    0.1244

---
Signif. codes:  0 '***' 0.001 '**' 0.01 '*' 0.05 '.' 0.1 ' ' 1
```

图 2-7-50 R 软件中 metafor 包 *SMD* 例子的剪补法结果

2. meta 包

● metabias（metarsmd，method＝"rank"）（图 2-7-51）

```
        Rank correlation test of funnel plot asymmetry

data: metarsmd
z = 1.4697, p-value = 0.1416
alternative hypothesis: asymmetry in funnel plot
sample estimates:
     ks     se.ks
6.000000 4.082483
```

图 2-7-51 R 软件中 meta 包 *SMD* 例子的 Egger 检验结果

● metabias（metarsmd，method＝"linreg"）（图 2-7-52）

```
        Linear regression test of funnel plot asymmetry

data: metarsmd
t = 0.8149, df = 3, p-value = 0.4748
alternative hypothesis: asymmetry in funnel plot
sample estimates:
     bias     se.bias      slope
 2.8000577 3.4360224 -0.8940374
```

图 2-7-52 R 软件中 meta 包 *SMD* 例子的 Begg 检验结果

● trimfill（metarsmd）（图 2-7-53）

```
                        SMD               95%-CI  %W(random)
Cabrera 1996         -0.5813  [-1.0862; -0.0764]      16.92
Cello 1997            0.1732  [-0.3881;  0.7344]      15.57
Jalan 1997           -0.4649  [-0.9883;  0.0584]      16.47
Rossle 1997          -0.2982  [-0.6496;  0.0532]      20.89
Garcia 1999           0.3339  [-0.2490;  0.9167]      15.08
Filled: Garcia 1999  -0.9539  [-1.5368; -0.3710]      15.08

Number of trials combined: 6

                        SMD           95%-CI        z   p.value
Random effects model -0.3037  [-0.6461; 0.0386] -1.7388    0.0821

Quantifying heterogeneity:
tau^2 = 0.1139; H = 1.65 [1.06; 2.57]; I^2 = 63.4% [11.4%; 84.9%]

Test of heterogeneity:
     Q d.f.  p.value
 13.67    5   0.0178

Method: Inverse variance method
```

图 2-7-53　R 软件中 meta 包 *SMD* 例子的剪补法结果

第八章

诊断试验的 meta 分析

第一节　诊断试验的 meta 分析概述

诊断试验（diagnostic test）是指应用实验、仪器设备等手段对疾病进行诊断的一切检测方法。

一、诊断试验准确性 meta 分析的评价指标

单个诊断性试验的标准方法将金标准诊断结果为患者和非患者、采用某种新的诊断方法所测得的阳性和阴性结果，列入表 3-8-1 的四格表，请务必牢记下列有关概念和计算公式，因文献章会报告不同指标的数据，可能在进行 meta 分析提取数据时应用到。

表 3-8-1　单个诊断性试验的四格表

诊断性试验	金标准（参考试验）		合计
	有病	无病	
＋	a 真阳性（TP）	b 假阳性（FP）	$A+b$
－	c 假阴性（FN）	d 真阴性（TN）	$C+d$
合计	$A+c$	$B+d$	N

（一）灵敏度和特异度

灵敏度（sensitivity，Sen）可用来衡量某种试验检测出有病者的能力，是将实际有病的人正确地判定为真阳性的比例，计算公式：$Sen = a/(a+c)$

特异度（specificity，Spe）是衡量试验正确地判定无病者的能力，是将实际无病的人正确地判定为真阴性的比例，计算公式：$Spe = d/(b+d)$

（二）真阴性率和假阳性率

假阴性率（false negative rate，Fnr）也称漏诊率或第二类错误（β），是指将患者错误地判定为无病的比例，计算公式：$Fnr = c/(a+c) = 1 - Sen$。

假阳性率（false positive rate，Fpr）也称误诊率或第一类错误（α），是指将正常人错误地判定为有病的比例，计算公式：$Fpr = b/(b+d) = 1 - Spe$。

（三）患病率和准确度

患病率（prevalence，$Prev$）：是指以诊断试验检测的全部病例中，真正"有病"所占的比例，计算公式：$Prev = (a+c)/(a+b+c+d)$。

准确度（accuracy, *Ac*）又称为符合率，是指某项诊断试验的全部真阳性者和真阴性者占受试对象总和的比例，反映了诊断试验结果与金标准试验结果一致或符合的程度，计算公式：$Ac=(a+d)/(a+b+c+d)$。

（四）似然比

似然比（likelihood ratio, *LR*），是指病人中出现某种试验结果的概率与非病人中出现相应结果的概率之比，用来说明病人出现该结果的机会是非病人的多少倍。对于结果为二分类的试验，似然比分为阳性似然比（positive likelihood ratio, LR_+）和阴性似然比（negative likelihood ratio, LR_-）。

阳性似然比是指真阳性率与假阳性率之比，说明病人中某种试验出现阳性结果的机会是非病人的多少倍，计算公式：$LR_+=$真阳性率/假阳性率$=[a/(a+c)]/[b/(b+d)]=Sen/(1-Spe)$。

阴性似然比是假阴性率与真阴性率之比，说明病人中某种试验出现阴性结果的机会是非病人的多少倍，计算公式：$LR_-=$假阴性率/真阴性率$=[c/(a+c)]/[d/(b+d)]=(1-Sen)/Spe$。

（五）诊断比数比

诊断比数比（diagnostic odds ratio, *DOR*）虽然在临床实践中很难应用，但在诊断试验meta 分析中是一个常用的综合评价指标，用来说明某种试验阳性结果的机会是阴性结果的倍数，计算公式：$DOR=LR_+/LR_-=(a\times d)/(b\times c)$。

（六）SROC 曲线、SROC 曲线下面积、Q 指数

SROC 曲线法是针对同一检测指标的多个不同试验进行 meta 分析，根据它们的比数比的权重，通过拟合 SROC 曲线综合评价诊断试验的准确性，从 SROC 曲线上可以得到每一个研究的灵敏度和特异度，如果纳入研究间有阈值效应时，该方法最合适。

SROC 曲线下面积（the area under the curve, *AUC*），它也不依赖于诊断阈值：良好的诊断试验 *AUC* 接近于 1，而不佳诊断试验 *AUC* 接近于 0.5。

Q 指数定义为在 SROC 曲线上，"*Sen=Spe*"，且最靠近左上角的一点的坐标，是一常用的统计量。

二、诊断试验的 meta 分析方法

1. 提出临床问题，明确 meta 分析的目的。
2. 制定相关检索策略，查找相关文献，确定文献纳入及排除标准。
3. 评价研究的质量，从研究样本、标准试验、盲法、研究报告等各方面入手。
4. 提取数据。
5. 进行 meta 分析。包括①探讨阈值效应及其他异质性来源；②合并灵敏度和特异度、阳性似然比与阴性似然比、*DOR* 等单一指标：如果各研究间不存在阈值效应，可以直接合并这些评价指标，反之则不可；③拟合 SROC 曲线、计算 *AUC*、*Q* 指数：如果各研究间存在阈值效应，则宜拟合 SROC 曲线、计算 *AUC*、*Q* 指数等。

第二节 循证医学软件中诊断试验的 meta 分析

诊断试验的数据比较特殊，必须根据纳入研究提供的不同指标数据计算和整理成如表3-8-2 的四格表形式，按二分类数据处理。

表 3-8-2　纳入 meta 分析的各项研究的主要信息

author	year	PET				CT			
		TP	FP	FN	TN	TP	FP	FN	TN
Albes	1999	14	2	2	9	15	3	1	8
Marom	1999	40	4	4	31	26	5	18	30
Pieterman	2000	29	10	3	60	24	24	8	46
Weng	2000	11	2	4	33	8	9	3	30
Poncelet	2001	6	9	3	44	5	17	4	36
Luketich	2001	4	7	2	27	3	10	3	24
Antoch	2003	8	2	1	16	7	7	3	10

近年来，随着研究者对诊断试验 meta 分析的重视，一些新的统计方法和软件不断涌现：例如 RevMan5.0 以上版本提供了诊断试验 meta 分析模块；meta-disc 则是诊断性试验 meta 分析的专用软件；Stata 软件的"metandi"和"midas"命令可以分别拟合新近流行的层次综合受试者工作特征曲线模型（Hierarchical Summary ROC Model）、双变量混合效应模型（Bivariate Mixed Effects Models）；其他如 SAS 软件通过编程也可以实现诊断试验 meta 分析。

一、Review Manager 中诊断试验的 meta 分析

（一）创建诊断试验系统评价

1. 新建系统评价：启动 RevMan（建议 5.0 系列版本，目前为 V5.2.3），从"File"菜单中选取"New"，在出现的欢迎画面中点击"Next"。

2. 选择系统评价类型：在出现的选择系统评价类型对话框中，选择"Diagnosis test accuracy review"，点击"Next"。

3. 输入系统评价标题：在系统评价标题对话框中，输入"PET and CT for mediastinal staging in NSCLC patients，点击"Next"。

4. 选择系统评价的步骤：在选择系统评价步骤的对话框中选择"Full review"，点击"Finish"，新建系统评价完成，如图 3-8-1 所示。

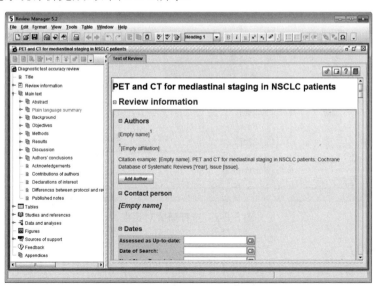

图 3-8-1　新建一个诊断试验系统评价界面

（二）添加研究

点击左侧"outline pane（大纲窗格）"中的"Tables"，将其展开，并将其子目录"Characteristics of studies"展开，然后单击"Characteristics of included studies"，在弹出菜单中选择第一项"Add Study"，弹出"New Study Wizard"窗口。在"Study ID"一栏中填入研究名称"Albes 1999"，点击"Finish"完成研究的添加。

重复上述过程，依次添加"Marom 1999"、"Pieterman 2000"、"Weng 2000"、"Poncelet 2001"、"Luketich 2001"、"Antoch 2001"。

（三）添加数据

两种方法可以添加数据：点击图 3-8-1 中左侧大纲窗格中"Data and analyses"左侧的钥匙状图标，将其展开，可以发现"Data tables by test"或"Data tables by study"，可以分别按试验或研究两种方式输入数据，此处按照试验方法输入。

1. 添加试验

在左侧的大纲窗格中，选择"Data tables by test"。

在右侧的内容窗格中，点击"Add test"在出现的对话框中，分别键入试验名称"PET"及全称"PET for mediastinal staging in NSCLC patients"，按"Finish"按钮。

重复上述步骤，建立一个名为"CT"（全称为"CT for mediastinal staging in NSCLC patients"）的试验。

2. 选择研究

在左侧大纲窗格中，将"Data tables by test"展开，选中"1PET"，点击右键，在出现的对话框中点击"Add Test Data"，然后在出现的对话框中，将纳入研究选中，如图 3-8-2 所示，按"Finish"按钮，会出现数据输入窗口。

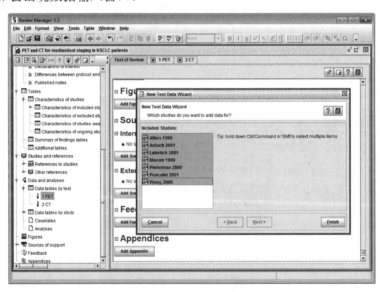

图 3-8-2　选择研究对话框

3. 输入数据

在出现数据输入窗口中，将表 3-8-1 中各研究的 PET 相关数据依次输入，RevMan 会自动计算灵敏度和特异度及其 95% 可信区间、森林图，数据输入完成后如图 3-8-3。

选中"2CT"，点击右键，在出现的对话框中点击"Add Test Data"，重复上述步骤，可以输入各研究的 CT 相关数据。

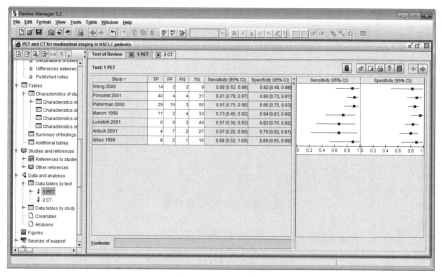

图 3-8-3　数据输入完成后界面

（四）单个诊断试验的 meta 分析

RevMan 只提供单个研究的灵敏度和特异度及其 95%CI，不提供诊断性试验指标的合并结果，因此需要与其他软件结合使用。

我们以 PET 的数据为例，判断其非小细胞癌分期的价值。展开"Data and analyses"，选中"Analyses"，点击右键，在出现的对话框中点击"Add Analyses"；在出现的对话框中键入新分析的名称"Analyses of PET"，点击"Next"；在新出现的对话框"Type"选项中选择"Single test analysis"、在"Test"选项中选择"1PET"，然后按"Finish"按钮。

查看结果：点击分析结果工具栏中的"Forest plot"按钮，可以得到森林图，如图 3-8-4；点击 SROC 曲线按钮，可以得到 SROC 曲线，如图 3-8-5。

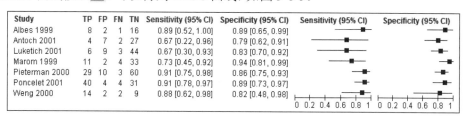

图 3-8-4　森林图

（五）配对诊断试验的 meta 分析

如果我们想比较 PET 和 CT 对非小细胞癌分期的价值。展开"Data and analyses"，选中"Analyses"，点击右键，在出现的对话框中点击"Add Analyses"；在出现的对话框中键入新分析的名称"Comparison of PET and CT"，点击"Next"；在新出现的对话框"Type"选项中选择"Multiple tests analysis"、在"Test"选项中选择"1PET、2CT"，然后按"Finish"按钮。

同样的方法查看结果如图 3-8-6、图 3-8-7，从 SROC 曲线来看，似乎 PET 在非小细胞癌分期有较高的价值。

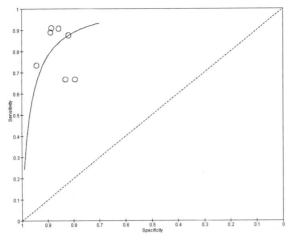

图 3-8-5　SROC 曲线图

PET

Study	TP	FP	FN	TN	Sensitivity (95% CI)	Specificity (95% CI)
Albes 1999	8	2	1	16	0.89 [0.52, 1.00]	0.89 [0.65, 0.99]
Antoch 2001	4	7	2	27	0.67 [0.22, 0.96]	0.79 [0.62, 0.91]
Luketich 2001	6	9	3	44	0.67 [0.30, 0.93]	0.83 [0.70, 0.92]
Marom 1999	11	2	4	33	0.73 [0.45, 0.92]	0.94 [0.81, 0.99]
Pieterman 2000	29	10	3	60	0.91 [0.75, 0.98]	0.86 [0.75, 0.93]
Poncelet 2001	40	4	4	31	0.91 [0.78, 0.97]	0.89 [0.73, 0.97]
Weng 2000	14	2	2	9	0.88 [0.62, 0.98]	0.82 [0.48, 0.98]

CT

Study	TP	FP	FN	TN	Sensitivity (95% CI)	Specificity (95% CI)
Albes 1999	15	3	1	8	0.94 [0.70, 1.00]	0.73 [0.39, 0.94]
Antoch 2001	26	5	18	30	0.59 [0.43, 0.74]	0.86 [0.70, 0.95]
Luketich 2001	24	24	8	46	0.75 [0.57, 0.89]	0.66 [0.53, 0.77]
Marom 1999	8	9	3	30	0.73 [0.39, 0.94]	0.77 [0.61, 0.89]
Pieterman 2000	5	17	4	36	0.56 [0.21, 0.86]	0.68 [0.54, 0.80]
Poncelet 2001	3	10	3	24	0.50 [0.12, 0.88]	0.71 [0.53, 0.85]
Weng 2000	7	7	3	10	0.70 [0.35, 0.93]	0.59 [0.33, 0.82]

图 3-8-6　两种试验方法的森林图

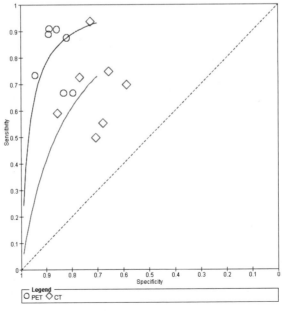

Legend
○ PET ◇ CT

图 3-8-7　两种试验的 SROC 曲线比较

二、meta-DiSc 软件中诊断试验的 meta 分析

（一）概述

meta-DiSc 软件是一免费、诊断试验 meta 分析软件，用于多个诊断或筛检试验评价的 meta 分析，可以从 http://www.hrc.es/investigacion/metadisc_en.htm 免费下载，下载后得到一个名为 metadisc1.4.msi 的文件，运行后，按照安装向导提示可以完成安装。

该软件不但可以合并灵敏度和特异度和拟合 SROC 曲线，而且可以合并似然比、诊断比数比，并能进行异质性检验和 meta 回归分析，其主要功能见表 3-8-3。虽然近年来随着双变量混合效应模型和 HSROC 等模型的出现，单变量模型不再常用，但该软件某些独特功能在诊断试验 meta 分析还应占有一席之地。

表 3-8-3　meta-DiSc 软件的主要功能

主要功能	说明
Describing primary results and exploring heterogeneity	描述原始结果和探索异质性
● Tabular results	● 将结果以表格形式列出
● Forest plots（sensitivity，specificity，LRs，dOR）	● 以森林图形式显示灵敏度、特异度、似然比和诊断比数比
● ROC plane scatter-plots	● ROC 平面散状图
● Cochran-Q，Chi-Square，Inconsistency index）	● 判断研究间异质性
● Filtering/subgrouping capacities	● 亚组分析
Exploring Threshold effect	探讨阈值效应
● Spearman correlation coefficient	● Spearman 相关系数
● ROC plane plots	● ROC 平面图
SROC curve fitting.Area under the curve（AUC）and Q	拟合 SROC 曲线、计算 AUC 和 Q 指数
meta-regression analysis	回归分析，探讨异质性来源
● Univariate and multivariate Moses& Litteenberg model（weight and unweight）	● （加权或未加权）单变量及多变量 Moses& Litteenberg 模型
Statistical polling of indices:	合并统计量
● Fixed effect model	● 固定效应模型
● Random effect model	● 随机效应模型

（二）数据输入

以表 3-8-2 中 PET 的数据为例，说明数据输入方法，并添加一个名为"Qscore"的变量。启动软件，在出现的数据输入界面中，依次将数据输入。输入完毕后，从 Edit 菜单中选择"Date Columns—Add Column"，在出现的对话框中加入列的名字"Qscore"，点 Aceptar 按钮即可，回到软件数据输入界面，依次数据输入，如图 3-8-8 所示。

如果纳入研究含有零格子数据，则需要在每个格子中加 0.5 用来校正，可以手工输入时校正；也可以令软件自动校正，方法是从"Analyze"菜单中打开"Options"对话框，

从"Statistics"设置面板中的"Handling studies with empty cells"选项中选择"Add 1/2 to all cells"。

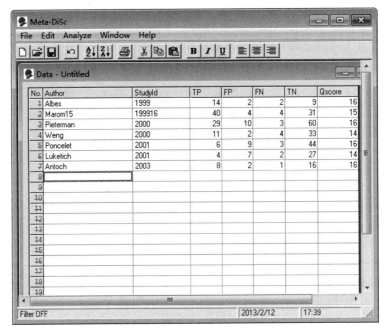

图 3-8-8　meta-DiSc 软件的数据输入界面

(三) meta 分析

1. 探索阈值效应：从"Analyze"菜单中选择"Threshold Analysis"，结果如图 3-8-9 所示，灵敏度的对数值与 (1－特异度) 的对数值的 spearman 相关系数 $r=-0.432$，$p=0.333$，表明不存在阈值效应。

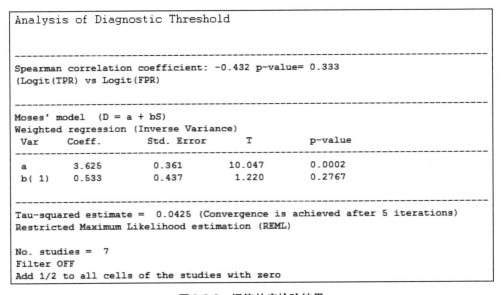

图 3-8-9　阈值效应检验结果

2. 合并效应量、探讨异质性

从"Analyze"菜单中打开"Options"对话框,从"Statistics"设置面板中"Pooling method"中选择"Mantel-Haenszel(FEM)"。

● 合并灵敏度和特异度:从"Analyze"菜单中选择"Tabular Result",再选择"Sensitivity/Specificity",结果如图 3-8-10 所示。

```
Summary Sensitivity

              Study    | Sen    [95%  Conf. Iterval.]        TP/(TP+FN)   TN/(TN+FP)
-----------------------------------------------------------------------------------
Albes                  | 0.875   0.617  - 0.984              14/16   9/11
Marom15                | 0.909   0.783  - 0.975              40/44   31/35
Pieterman              | 0.906   0.750  - 0.980              29/32   60/70
Weng                   | 0.733   0.449  - 0.922              11/15   33/35
Poncelet               | 0.667   0.299  - 0.925               6/9    44/53
Luketich               | 0.667   0.223  - 0.957               4/6    27/34
Antoch                 | 0.889   0.518  - 0.997               8/9    16/18
-----------------------------------------------------------------------------------
           Pooled Sen  | 0.855   0.783  - 0.910
-----------------------------------------------------------------------------------
Heterogeneity chi-squared = 6.92 (d.f.= 6) p = 0.328
Inconsistency (I-square) = 13.3 %
No. studies =  7.
Filter OFF
Add 1/2 to all cells of the studies with zero



Summary Specificity

              Study    | Spe    [95%  Conf. Iterval.]        TP/(TP+FN)   TN/(TN+FP)
-----------------------------------------------------------------------------------
Albes                  | 0.818   0.482  - 0.977              14/16   9/11
Marom15                | 0.886   0.733  - 0.968              40/44   31/35
Pieterman              | 0.857   0.753  - 0.929              29/32   60/70
Weng                   | 0.943   0.808  - 0.993              11/15   33/35
Poncelet               | 0.830   0.702  - 0.919               6/9    44/53
Luketich               | 0.794   0.621  - 0.913               4/6    27/34
Antoch                 | 0.889   0.653  - 0.986               8/9    16/18
-----------------------------------------------------------------------------------
           Pooled Spe  | 0.859   0.811  - 0.900
-----------------------------------------------------------------------------------
Heterogeneity chi-squared = 4.44 (d.f.= 6) p = 0.617
Inconsistency (I-square) = 0.0 %
No. studies =  7.
Filter OFF
Add 1/2 to all cells of the studies with zero
```

图 3-8-10　合并灵敏度和特异度结果

● 合并似然比:从"Analyze"菜单中选择"Tabular Result",再选择"Likelihood Ratio",结果如图 3-8-11 所示。

合并诊断比数比:从"Analyze"菜单中选择"Tabular Result",再选择"Diagnostic OR",结果如图 3-8-12 所示。

3. 绘制森林图　从"Analyze"菜单中打开"Plot…"对话框,在绘制森林图界面左上角下拉框中选择要绘制效应量的森林图,如以绘制诊断比数的森林图为例,如图 3-8-13 所示。

```
Summary Positive Likelihood Ratio (Fixed effects model)

              Study    | LR+    [95% Conf. Iterval.]            % Weight
-----------------------------------------------------------------------------
Albes                  | 4.813   1.355  - 17.089               11.65
Marom15                | 7.955   3.148  - 20.101               21.90
Pieterman              | 6.344   3.536  - 11.382               30.84
Weng                   | 12.833  3.229  - 51.006               5.90
Poncelet               | 3.926   1.848  - 8.340                12.84
Luketich               | 3.238   1.357  - 7.725                10.32
Antoch                 | 8.000   2.122  - 30.155               6.55
-----------------------------------------------------------------------------
 (FEM) pooled LR+      | 6.378   4.430  - 9.183
-----------------------------------------------------------------------------
Heterogeneity chi-squared = 5.44 (d.f.= 6) p = 0.489
Inconsistency (I-square) = 0.0 %
No. studies =  7.
Filter OFF
Add 1/2 to all cells of the studies with zero




Summary Negative Likelihood Ratio (Fixed effects model)

              Study    | LR-    [95% Conf. Iterval.]            % Weight
-----------------------------------------------------------------------------
Albes                  | 0.153   0.041  - 0.575                7.95
Marom15                | 0.103   0.040  - 0.263                25.73
Pieterman              | 0.109   0.037  - 0.323                28.06
Weng                   | 0.283   0.122  - 0.657                14.76
Poncelet               | 0.402   0.158  - 1.020                9.52
Luketich               | 0.420   0.134  - 1.318                6.04
Antoch                 | 0.125   0.020  - 0.799                7.95
-----------------------------------------------------------------------------
 (FEM) pooled LR-      | 0.184   0.123  - 0.276
-----------------------------------------------------------------------------
Heterogeneity chi-squared = 8.28 (d.f.= 6) p = 0.218
Inconsistency (I-square) = 27.5 %
No. studies =  7.
Filter OFF
Add 1/2 to all cells of the studies with zero
```

图 3-8-11　合并似然比结果

```
Summary Diagnostic Odds Ratio (Fixed effects model)

              Study    | DOR    [95% Conf. Iterval.]            % Weight
-----------------------------------------------------------------------------
Albes                  | 31.500   3.738  - 265.43              8.90
Marom15                | 77.500  17.942  - 334.75             12.17
Pieterman              | 58.000  14.823  - 226.94             17.67
Weng                   | 45.375   7.283  - 282.70              9.61
Poncelet               | 9.778    2.054  - 46.550             26.17
Luketich               | 7.714    1.165  - 51.065             21.03
Antoch                 | 64.000   5.017  - 816.44              4.45
-----------------------------------------------------------------------------
 (FEM) pooled DOR      | 33.875  18.474  - 62.116
-----------------------------------------------------------------------------
Heterogeneity chi-squared = 6.96 (d.f.= 6) p = 0.325
Inconsistency (I-square) = 13.8 %
No. studies =  7.
Filter OFF
Add 1/2 to all cells of the studies with zero
```

图 3-8-12　合并诊断比数比结果

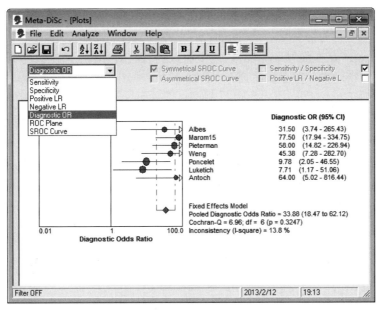

图 3-8-13　诊断比数比森林图

4. 绘制 SROC 曲线　从图 3-8-9 中的结果发现，b 与 0 无统计学差异（$p=0.2767$），提示 SROC 曲线是对称的，所以绘制 SROC 曲线可以采用"Mantel-Haenszel、DerSimonian-Laird 和 Moses-Shapiro-Littenber model"三种方法来拟合（从"Options"选项"SROC"设置面板中选择），此处我们选择"Mantel-Haenszel"。从"Analyze"菜单中打开"Plot…"对话框，在绘制森林图界面左上角下拉框中选择"SROC Curve"，如图 3-8-14 所示。

在 SROC 曲线图，还可以得到 AUC 为 0.9200，Q 指数为 0.8534 等统计量。

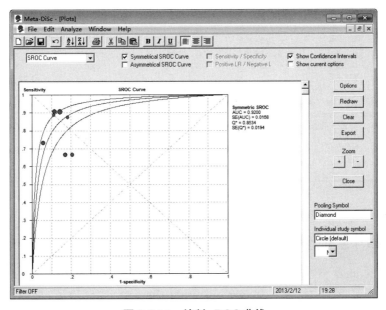

图 3-8-14　绘制 sROC 曲线

5. meta 回归分析 为了介绍 meta 回归分析具体步骤,假设本研究存在异质性(实际上不存在),以"Qscore"为协变量。从"Analyze"菜单中选择"meta-regression…",在出现的对话框中,将"Qscore"从左面"Covariates"栏中加入到右面的"Model"栏中,如图 3-8-15 所示,然后点 Analyze,得结果如图 3-8-16 所示。

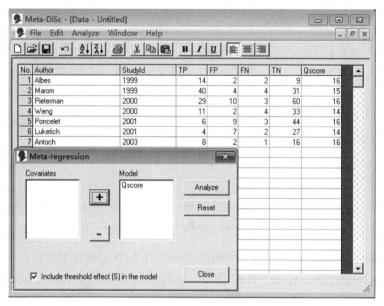

图 3-8-15　meta 回归分析协变量选择对话框

```
--------------------------------------------------------------------------
Meta-Regression(Inverse Variance weights)

 Var          Coeff.       Std. Err.     p - value       RDOR        [95%CI]

Cte.          6.975        8.3388        0.4500          ----        ----
S             0.656        0.5830        0.3236          ----        ----
Qscore       -0.217        0.5382        0.7074          0.80        (0.18;3.59)

--------------------------------------------------------------------------
Tau-squared estimate =  0.1663 (Convergence is achieved after 7 iterations)
Restricted Maximum Likelihood estimation (REML)

No. studies =   7
Filter OFF
Add 1/2 to all cells of the studies with zero
|
```

图 3-8-16　meta 回归分析结果

三、Stata 中实现诊断试验 meta 分析

试验结果的 meta 分析较经典的随机对照试验的 meta 分析更加复杂,目前理论上广泛接受的是构造受试者工作特征(receiver operating characteristic,*ROC*)曲线,该法全面考虑不同诊断界值下的诊断试验效果,而将各研究的灵敏度和特异度转换成单一的诊断准确度指标,即诊断试验优势比,其不足之处在于缺乏鉴别灵敏度与特异度的能力,忽略了由于诊

断阈值不同产生的效应差异。

鉴于此，近年来国内外学者提出几种关于诊断实验 meta 分析的新策略，如双变量混合效应（bivariate mixed effects）模型、层次综合受试者工作特征曲线（hierarchical summary *ROC*，HSROC）模型、等，两种模型分别可以用 Stata 软件中的“midas”和“metandi”命令加以实现。

（一）拟合双变量混合效应模型：midas 命令

1．点击菜单“Window/Data Editor”，进入 Stata 的数据编辑器，将表 3-8-2 中 PET 相关数据按 Stata 数据格式要求输入数据管理器中，如图 3-8-17 所示。

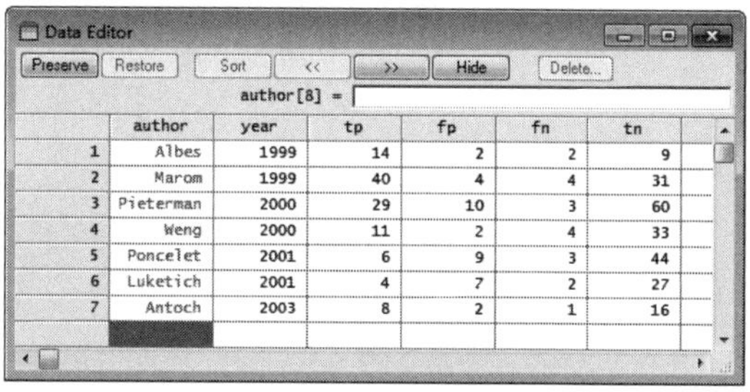

	author	year	tp	fp	fn	tn
1	Albes	1999	14	2	2	9
2	Marom	1999	40	4	4	31
3	Pieterman	2000	29	10	3	60
4	Weng	2000	11	2	4	33
5	Poncelet	2001	6	9	3	44
6	Luketich	2001	4	7	2	27
7	Antoch	2003	8	2	1	16

图 3-8-17　数据管理器窗口

2．合并统计量命令（图 3-8-18）

- midas tp fp fn tn，res（all）

```
SUMMARY DATA AND PERFORMANCE ESTIMATES

Number of studies =  7
Reference-positive Units =  131
Reference-negative Units =  256
Pretest Prob of Disease = 0.34

Deviance =  51.6
AIC =  61.6
BIC =  64.8
BICdiff =  -7.9

Correlation (Mixed Model)=  1.00
Proportion of heterogeneity likely due to threshold effect = 1.00

Interstudy variation in Sensitivity: ICC_SEN =  0.00, 95% CI = [ 0.00- 0.17]
Interstudy variation in Sensitivity: MED_SEN =  0.51, 95% CI = [ 0.50- 1.00]
Interstudy variation in Specificity: ICC_SPE =  0.00, 95% CI = [ 0.00- 0.00]
Interstudy variation in Specificity: MED_SPE =  0.50, 95% CI = [ 0.50- 1.00]

ROC Area, AUROC = 0.92 [0.90 - 0.94]
Heterogeneity (Chi-square): LRT_Q = 0.000, df =2.00, LRT_p =0.500
Inconsistency (I-square): LRT_I2 =   0, 95% CI = [  0-100]

Parameter                   Estimate          95% CI
Sensitivity                     0.85 [    0.77,       0.91]
Specificity                     0.86 [    0.81,       0.90]
Positive Likelihood Ratio        6.1 [     4.4,        8.3]
Negative Likelihood Ratio       0.17 [    0.10,       0.28]
Diagnostic Odds Ratio             36 [      18,         71]
```

图 3-8-18　拟合双变量模型合并统计量结果

3．检验小样本研究效应（发表偏倚）命令（图 3-8-19、图 3-8-20）

- midas tp fp fn tn，pubbias

4．绘制灵敏度和特异度森林图命令（图 3-8-21）

- midas tp fp fn tn，id（author year）ms（0.75）bfor（dss）

yb	Coef.	Std. Err.	t	P>|t|	[95% Conf. Interval]
Bias	−12.65719	5.744247	−2.20	0.079	−27.42325 2.108866
Intercept	5.578689	.864483	6.45	0.001	3.356464 7.800913

图 3-8-19　小样本研究效应检验数字化结果

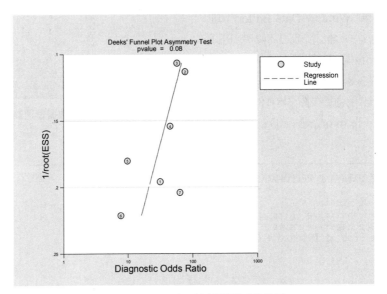

图 3-8-20　漏斗图绘制及不对称检验

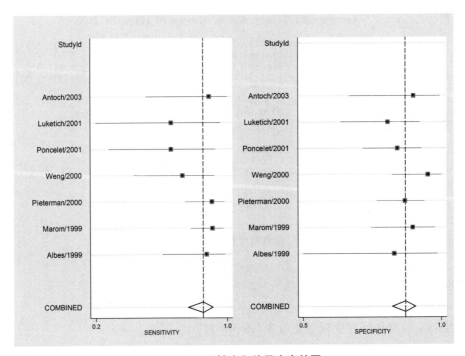

图 3-8-21　灵敏度和特异度森林图

5. 绘制 SROC 曲线图命令（图 3-8-22）

- midas tp fp fn tn，plot SROC（both）

6. 验后概率命令（图 3-8-23）

- midas tp fp fn tn，fagan（0.20）

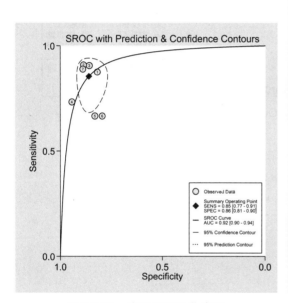

图 3-8-22　绘制 SROC 曲线图

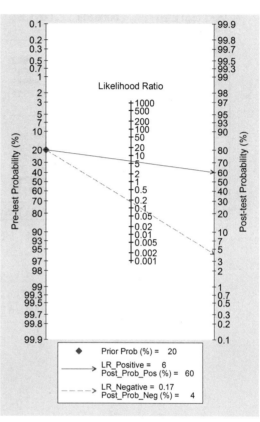

图 3-8-23　预测验后概率

（二）拟合 HSROC 模型：metandi 命令

1. 合并统计量命令（图 3-8-24）

- metandi tp fp fn tn

默认结果给出双变量模型和 HSROC 模型的参数估计（和标准误）及其近似 95% 可信区间、灵敏度、特异度、诊断比数比、阳性似然比、阴性似然比等诊断试验的经典指标合并量（和标准误）及其 95% 可信区间。HSROC 模型给出的结果中，β（对应"beta"）估计值及 95% 可信区间为 0.27（-0.34，0.89），且 Z 统计量为 -0.03，相应 $P=0.973$，提示 SROC 是对称的；反映诊断试验判别能力的效应指标（对应"Lambda"）的估计值及 95% 可信区间为 5.68（-169.11，164.70），提示该试验的价值需要进一步研究。

2. 绘制 SROC 曲线命令（图 3-8-25）

- metandi tp fp fn tn，plot

```
Meta-analysis of diagnostic accuracy

Log likelihood   = -25.816239            Number of studies =        7

                 Coef.    Std. Err.     z    P>|z|   [95% Conf. Interval]

Bivariate
  E(logitSe)   1.773368   .2944901                   1.196178   2.350558
  E(logitSp)   1.810161   .1798014                   1.457757   2.162565
  Var(logitSe)  .0012322   .2758548                   3.4e-194   4.5e+187
  Var(logitSp)  .0000203   .0051086                   1.5e-219   2.8e+209
  Corr(logits)      1           .                         .          .

HSROC
  Lambda       5.687578   132.2602                  -253.5377   264.9128
  Theta       -2.208405   85.15645                  -169.112    164.6952
  beta        -2.052813   59.88975   -0.03   0.973  -119.4346   115.3289
  s2alpha      .0006327   .1457511                    5.3e-200   7.6e+192
  s2theta          0           .                         .          .

Summary pt.
  Se           .854876    .0365353                   .7678442   .9129786
  Sp           .8593814   .0217281                   .8111894   .8968371
  DOR          36.00038   12.42284                   18.30537   70.80038
  LR+          6.079394   .9747009                   4.440054   8.324003
  LR-          .1688703   .0427283                   .1028438   .2772862
  1/LR-        5.921705   1.498338                   3.606383   9.723481

Covariance between estimates of E(logitSe) & E(logitSp)      .000012
```

图 3-8-24　HSROC 模型统计量

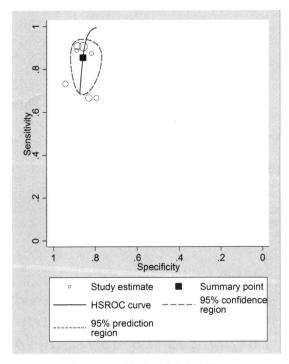

图 3-8-25　绘制 HSROC 曲线图

第九章

生存资料的 meta 分析

第一节　生存资料的 meta 分析概述

生存分析常用于评价肿瘤、心脑血管疾病等慢性疾病的预后。

一、有关生存分析的基本概念

（一）观察起点和终点

生存分析往往需要确定明确的观察起点和终点，观察起点指对个体观察开始的时刻，起点需要根据资料的类别和研究目的确定，可以是治疗开始的时间。对于恶性肿瘤，常以确诊时间、首次就诊时间或开始接受治疗的时间作为观察起点。

观察终点指个体出现终点事件的时刻。常见的终点事件包括因观察疾病再次入院，死于观察的疾病、死于其他疾病等。生存分析的研究常常需要相对较长的时间才能到达终点事件。在此过程中，可能因失访、研究结束时病人仍然未发生终点事件或研究提前结束等出现截尾数据。存在截尾数据是生存数据特点之一。

（二）生存率和生存曲线

生存率指从疾病在观察期内存活的病例数占总观察例数的百分比。病例较少时常用 Kaplan-Meier 法计算，病例较多时，用寿命表法计算生存率。肿瘤疾病中常用 5 年生存率。

生存曲线是以时间为横坐标，以生存率为纵坐标，以多个点连接形成的曲线，样本量小时，生存曲线呈阶梯形，样本量足够大时，形成光滑的曲线。在 meta 分析中有时需要根据生存曲线来确定某个生存时间的生存率，例如 1 年、3 年、5 年的生存率。

（三）中位生存期

中位生存期是指 50% 的观察对象能存活的时间，是偏态分布资料，不宜用均数加减标准差来描述，宜用中位数来表示。

二、生存分析的 meta 分析方法

1. 确定研究目的。
2. 检索文献。
3. 制定纳入和排除标准。
4. 进行文献质量评价，确定最终纳入文献。
5. 数据提取和录入。在生存分析中常用的指标是生存率、生存曲线和危险比（hazard ratio，*HR*）。时间事件（生存）数据当作二分类变量处理时，可以采用 *RR*、*RD* 或 *OR* 等效

应指标，但最适合时间事件数据分析的方法是通过危险比 HR 来表示干预效应的生存分析。

第二节 循证医学软件中生存资料的 meta 分析

如果将生存资料数据按二分类的变量数据处理，可以使用 RevMan 中的二分类变量法（dichotomous）、Stata 软件 metan 命令中的计数资料法（count）和 R 软件中 metafor 包中 rma 命令或 meta 包中的 metabin 命令。

若经过数据转换后获得 HR 及其标准误 SE，就可以使用 RevMan 中的一般倒方差法（generic inverse variance）、Stata 软件 meta 包中的效应量及其标准误法（effect/SE）和 R 软件中 meta 包中 metagen 命令进行 meta 分析。这种方法与合并调整后的 OR、RR 值类似。

一、Review Manager 中生存资料的 meta 分析

（一）转换数据

RevMan 中的一般倒方差法（generic inverse variance）需录入危险比（HR）的对数值和标准误（SE）。

若已知 HR 及其 95% 可信区间，可先计算 HR 及其 95% 可信区间的对数，然后计算对数效应量的标准误。

$$SElogHR = (logUCI - logLCI) / 3.92$$

其中，$SElogHR$ 为 $logHR$ 的标准误，UCI 为 HR 可信区间的上限，LCI 为 HR 可信区间的下限，如已知的是 99% 可信区间，把 3.92 改为 5.15，如已知的是 90% 可信区间，把 3.92 改为 3.29。

（二）添加纳入研究

右键单击"Characteristics of included studies"，在弹出菜单中选择第一项"Add Study"，弹出"New Study Wizard"窗口。在"Study ID"一栏中填入研究名称"1"。点击"Finish"完成研究的添加。重复上述过程，添加"2"、"3"、"4"和"5"（表 3-9-1）。

表 3-9-1 纳入 meta 分析的各项研究的主要信息

Study	log[Hazard Ratio]	SE
1	−0.20	0.12
2	−0.22	0.10
3	0.11	0.17
4	−0.22	0.15
5	0.47	0.52

（三）添加比较

右键单击"Data and analyses"，在弹出菜单中选择第一项"Add Comparison"。弹出"New Comparison Wizard"向导窗口后，在"Name"中输入比较的名称"试验组 vs 对照组"。点击"Finish"完成比较的添加。

（四）添加结局指标

在添加的"试验组 vs 对照组"上右键单击，在弹出菜单中选择第一项"Add Outcome"，

弹出"New Outcome Wizard"向导窗口。在"Data Type"中选择一般倒方差（Generic Inverse Variance），点击"Next"。在"Name"中输入结局指标的名称"指标 A"，点击"Finish"完成该结局指标的添加。

（五）添加结局指标数据

右键单击结局指标"指标 A"，在弹出菜单中选择第二项"Add Study Data"，弹出"New Study Data Wizard"向导窗口。在"Included Studies"栏中选中"1"、"2"、"3"、"4"和"5"。点击"Finish"将上述 5 项研究加入右边的表格中。在右边的表格中输入相应的数据。

（六）选择效应量和统计模型

点击表格上方的　，弹出"Outcome Properties"属性设置窗口。

1. 常规（"General"）选项　输入恰当的标题，选用合适的数据类型（"Data Type"），生存分析多数为二分类变量（"Dichotomous"），也可根据实际观察数（"Observed"，O）、期望数（"Expected"，E）和方差（"Variance"）选用期望方差（"O-E and Variance"），如果提取的数据是危险比（"Hazard ratio"，HR）和标准误（"Standard error"，SE），则数据类型选择倒方差（"Generic Inverse Variance"）。

在这里"Name"默认为上述步骤输入的"指标 A"；"Data Type"为"Generic Inverse Variance"。

2. 分析方法（"Analysis Method"）选项（图 3-9-1）　根据异质性（heterogeneity）大小选择分析模型（analysis model），一般 P 值大于 0.10 且 $I^2 < 50\%$ 时选用固定效应模型（fixed-effects model），否则选用随机效应模型（random-effects model）；生存分析选用一般倒方差法，效应指标选用风险比（"Hazard ratio"，HR）。

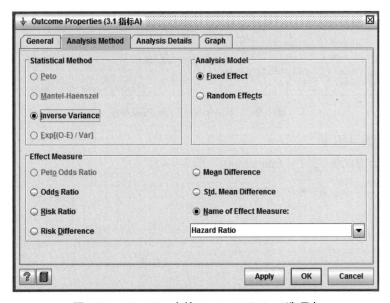

图 3-9-1　RevMan 中的 Analysis Method 选项卡

3. 分析细节（"Analysis Details"）选项　在进行亚组分析时选择汇总和分类汇总（"Totals and subtotals"），也可只选择亚组汇总（"Subtotals only"），也可选用不汇总（"No totals"）。可信区间一般选择 95%。

　　4. 图形（"Graph"）选项　可以输入左右图标（"Left Graph Label"，"Right Graph Label"）的名称，在标尺（"Scale"）中注意选用合适大小，比如"10"。原则上确保每个研究的可信区间线两端不出现箭头，标志也可以直接用鼠标左右拖动调节。

　　纳入的研究可以根据研究的名称（"Study ID"）、效应大小（"Effect size"）、权重（"Weight"）、研究发表时间（"Year of study"）等进行排序（"Sort By"），排序时也可使用鼠标点击数据表上的名称进行排序。

（七）绘制森林图

　　输入数据以及选择完效应量和统计模型后，即可在表格中获得固定效应模型的合并效应量 *HR*（图 3-9-2）。

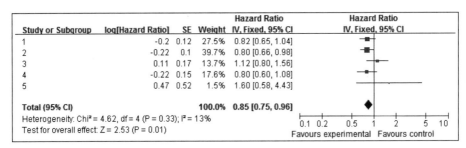

图 3-9-2　RevMan 中 *HR* 的表格数据

　　点击表格上方的 ▣，弹出"Forest plot"（图 3-9-3）。

图 3-9-3　RevMan 中 *HR* 的森林图

（八）绘制漏斗图

　　点击表格上方的 ▣，弹出"Funnel plot"（图 3-9-4）。

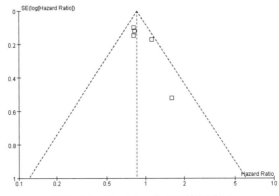

图 3-9-4　RevMan 中 *HR* 的漏斗图

二、Stata 中生存资料的 meta 分析

（一）效应量及其标准误法（effect/*SE*）

1. 点击菜单"Window/Data Editor"，进入 Stata 的数据编辑器，按列输入数据。其中，study 表示研究名称，loghr 表示 *HR* 的对数值，seloghr 表示 *HR* 对数值的标准误。

2. 森林图命令（图 3-9-5、图 3-9-6）

- metan loghr seloghr，label（namevar＝study）fixed effect（HR）eform

```
      Study      |     ES      [95% Conf. Interval]      % Weight
-----------------+---------------------------------------------------
1                |    0.819       0.647        1.036         27.54
2                |    0.803       0.660        0.976         39.65
3                |    1.116       0.800        1.558         13.72
4                |    0.803       0.598        1.077         17.62
5                |    1.600       0.577        4.433          1.47
-----------------+---------------------------------------------------
I-V pooled ES    |    0.853       0.754        0.965        100.00
-----------------+---------------------------------------------------

Heterogeneity chi-squared =    4.62 (d.f. = 4) p = 0.328
I-squared (variation in ES attributable to heterogeneity) =   13.4%

Test of ES=1 : z=    2.53 p = 0.012
```

图 3-9-5　Stata 中 *HR* 的合并效应量

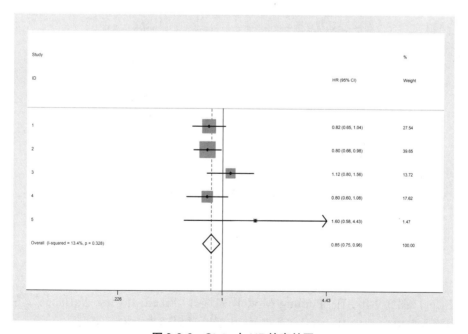

图 3-9-6　Stata 中 *HR* 的森林图

3. 漏斗图命令（图 3-9-7）

- metafunnel loghr seloghr

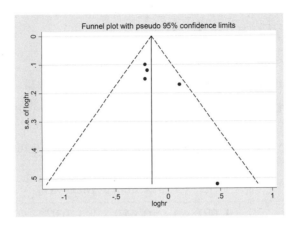

图 3-9-7　Stata 中 *HR* 的漏斗图

或者，输入命令：

● db metan

在 metan 命令的菜单模式中选择

1. Main（图 3-9-8）：在"Type of Data"中选择"Effect/SE"后，在"Vars for Effects"选择数据；在"Labels for Data"中选择 study 为"Name"。

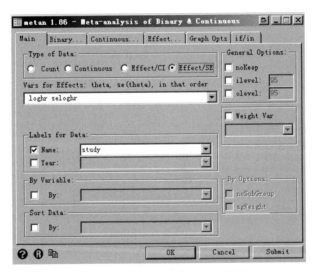

图 3-9-8　Stata 中 *HR* 的 Main 选项卡

2. Effect（图 3-9-9）：在"Pooling Model"中选择"Fixed，Inverse Variance"；在"Effect Label"中输入"HR"；选中"Exponentiate"，将结果以常数形式输出。

点击"OK"后，Stata 就会将菜单中的选项转换为 metan 命令执行，得到和直接输入命令的同样结果。

● db metafunnel（图 3-9-10）

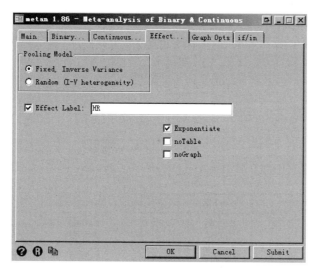

图 3-9-9 Stata 中 HR 的 Effect 选项卡

图 3-9-10 metafunnel 命令的菜单模式

（二）效应量及其可信区间法（effect/CI）

若已知 HR 及其 95% 可信区间，经对数转换后，可直接使用 metan 命令中的效应量及其可信区间法（effect/CI）。数据见表 3-9-2。

表 3-9-2 纳入 meta 分析的各项研究的主要信息

study	hr	ll	ul
1	0.82	0.65	1.04
2	0.80	0.66	0.98
3	1.12	0.80	1.56
4	0.80	0.60	1.08
5	1.60	0.58	4.43

1. 点击菜单"Window/Data Editor",进入 Stata 的数据编辑器,按列输入数据。其中,study 表示研究名称,hr 表示 *HR* 值,ll 表示 *HR* 值 95%*CI* 的下限,ul 表示 *HR* 值 95%*CI* 的上限。

2. 森林图命令(图 3-9-11、图 3-9-12)

- gen lnhr＝ln(hr)
- gen lnul＝ln(ul)
- gen lnll＝ln(ll)
- metan ln(hr) ln(ll) ln(ul), label(namevar＝study) fixed effect(HR)

```
          Study   |    ES    [95% Conf. Interval]    % Weight
------------------+-------------------------------------------
1                 |  0.820    0.650     1.040          27.76
2                 |  0.800    0.660     0.980          39.25
3                 |  1.120    0.800     1.560          13.75
4                 |  0.800    0.600     1.080          17.75
5                 |  1.600    0.580     4.430           1.48
------------------+-------------------------------------------
I-V pooled ES     |  0.852    0.753     0.965         100.00
------------------+-------------------------------------------
Heterogeneity calculated by formula
 Q = SIGMA_i{ (1/variance_i)*(effect_i - effect_pooled)^2 }
where variance_i = ((upper limit - lower limit)/(2*z))^2

 Heterogeneity chi-squared =    4.72 (d.f. = 4) p = 0.317
 I-squared (variation in ES attributable to heterogeneity) =  15.3%

 Test of ES=1 : z=   2.53 p = 0.011
```

图 3-9-11　Stata 中 *HR* 的合并效应量

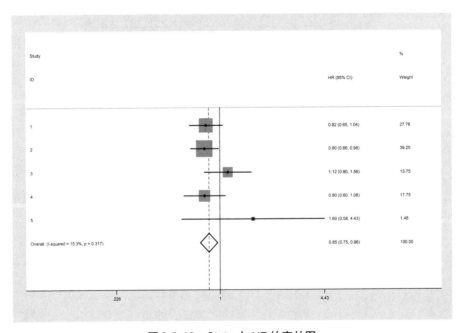

图 3-9-12　Stata 中 *HR* 的森林图

3. 漏斗图命令(图 3-9-13)

- metafunnel hr ll ul, ci

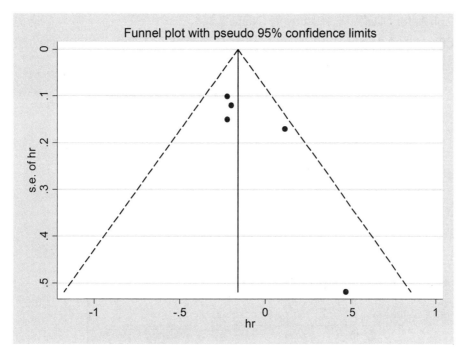

图 3-9-13　Stata 中 *HR* 的漏斗图

或者，输入命令：

● db metan

在 metan 命令的菜单模式中选择

1. Main（图 3-9-14）：在"Type of Data"中选择"Effect/CI"后，在"Vars for Effects"选择
数据；

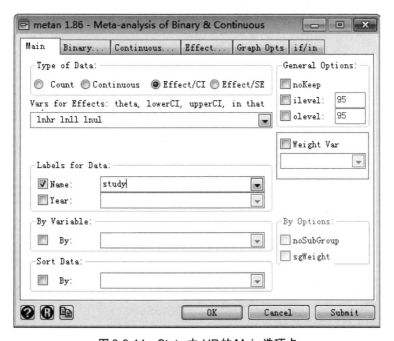

图 3-9-14　Stata 中 *HR* 的 Main 选项卡

在"Labels for Data"中选择 study 为"Name"。

2. Effect（图 3-9-15）：在"Pooling Model"中选择"Fixed, Inverse Variance"；在"Effect Label"中输入"HR"；并选择"Exponentiate"选项。

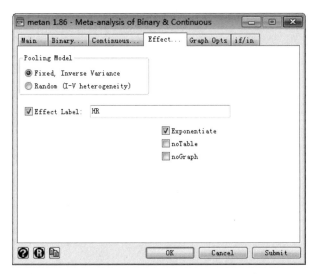

图 3-9-15　Stata 中 *HR* 的 Effect 选项卡

点击"OK"后，Stata 就会将菜单中的选项转换为 metan 命令执行，得到和直接输入命令的同样结果。

- db metafunnel（图 3-9-16）

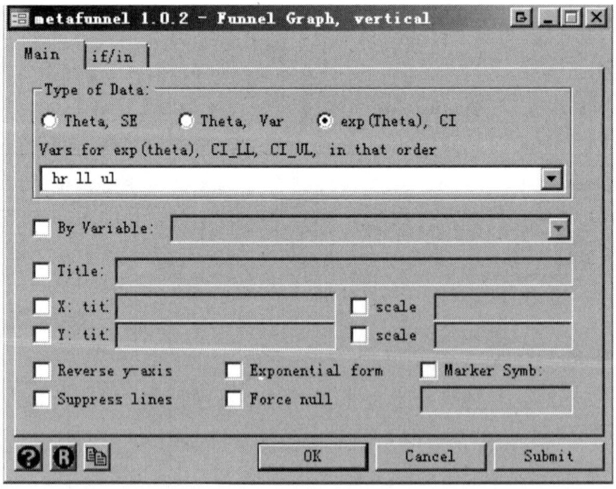

图 3-9-16　metafunnel 命令的菜单模式

三、R 软件中生存资料的 meta 分析

（一）metafor 包（图 3-9-17）

- library（"metafor"）

- metarsc＝rma.uni（yi＝loghr，sei＝seloghr，data＝rsc，method＝"FE"，slab＝study）
- forest（metarsc，transf＝exp）

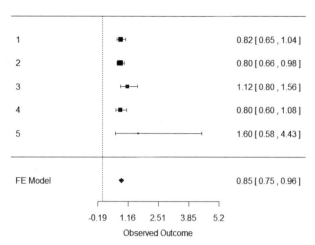

图 3-9-17　R 软件中 metafor 包 *HR* 的森林图

- funnel（metarsc）（图 3-9-18）

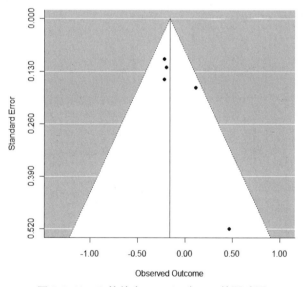

图 3-9-18　R 软件中 metafor 包 *HR* 的漏斗图

（二）meta 包

- library（"meta"）
- metarsc＝metagen（loghr，seloghr，data＝rsc，sm＝"HR"，comb.fixed＝TRUE，comb.random＝FALSE，studlab＝study）
- forest（metarsc，transf＝exp）（图 3-9-19）

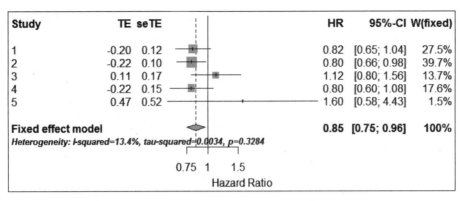

图 3-9-19　R 软件中 meta 包 *HR* 的森林图

● funnel（metarsc）（图 3-9-20）

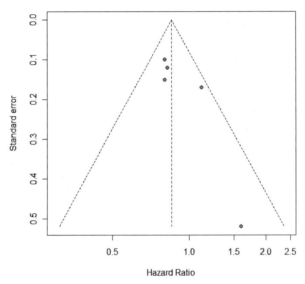

图 3-9-20　R 软件中 meta 包 *HR* 的漏斗图

第十章

遗传关联性研究的 meta 分析

第一节 遗传关联性研究的 meta 分析概述

一、遗传关联性研究 meta 分析的特点

随着分子生物学技术发展和深入，许多疾病的发生、发展及预后可从基因中找到根源。碱基发生改变，如插入、缺失、置换等可能引起蛋白质表达、结构及功能等方面发生变化。遗传 - 疾病关联研究主要为病例 - 对照研究或队列研究，其目的在于探讨遗传、基因相关的改变与疾病的发生、发展、预后转归的关系。

遗传关联性研究的主要目的在于探讨对与遗传相关的因素改变与疾病发生、发展及预后之间的关系，对此类研究进行 meta 分析称为遗传关联性研究的 meta 分析。由于原始研究许多为观察性研究，这决定了对此类研究的 meta 分析与对随机对照试验（RCT）所进行的有所不同，对此应给予足够的重视。

二、遗传关联性研究 meta 分析的重要性

随着分子遗传生物学技术和基因组学的发，遗传流行病学和分子流行病学日渐成为热点，复杂疾病的遗传危险因素越来越被重视。目前遗传关联性研究存在纳入人群遗传背景差异大、样本量小、检验效能低、因而研究结果常不一致等问题。因此，利用 meta 分析的方法将已有的研究数据进行系统分析成为一项重要而可行的工作，为准确地估计基因一疾病之间的关联效应提供一种有效的方法。

三、遗传关联性研究 meta 分析的步骤

遗传关联性研究的 meta 分析具有 meta 分析的一般特点，其步骤与普通 meta 分析步骤无明显区别，主要可分为选题、文献检索、文献评价及数据提取、数据分析等几方面。但由于遗传 - 关联 meta 分析主要是基于观察性研究，这与随机对照研究或诊断性研究有所不同，因此进行遗传关联性研究的 meta 分析时更要注意其个性。

（一）选题

选题是 meta 分析最重要的环节之一，从一定程度上来说，选题直接决定了该 meta 分析价值。一个好的选题应立足于专业实际并具有一定的指导价值。

（二）文献检索

meta 分析是对已有研究作出综合评价与分析，从而得出更可靠的结论，因此尽可能查

全与目标选题有关的文献是至关重要的一步。常用检索词为疾病名称、目标基因名称和"多态(polymorphism* 或 variant*)",应根据具体情况调整检索策略。如同一疾病不同命名、同一基因不同命名等,以保证检索策略具有最高的敏感性,即能尽可能查全文献。检索范围包括各大电子数据库、各种期刊、会议论文及其他未发表资料等等。在 Pubmed、Embase 及 OvidSP 等检索平台上可灵活使用检索 filters 功能进行病例 - 对照等研究类型的初筛。

(三)文献纳入与排除

文献的纳入与排除标准在确定选题后就应当确定,采用的标准需根据研究目的和专业意义来确定。若只研究某特定人群的遗传 - 疾病关联,还可以根据研究目的针对比如对种族、年龄、家族史等方面作出限制。若希望减少小样本研究对研究的影响,还可以对入选研究的样本量作出限制,甚至还可以对研究的把握度作出限制,但对入选研究作出限制、提高研究间同质性的同时承担着更大的文献纳入偏倚,应在衡量利弊后依据研究目的尽可能全面地纳入文献。

(四)文献质量评价

观察性研究文献质量评估比随机对照试验质量评估遇到更多困难,目前尚没有能被广泛接受并将质量与对结果可能发生的偏倚作出估计的方法。

(五)数据及相关信息提取

数据提取是进行 meta 分析的基础,大致包括以下几个方面内容:①研究基本信息,如研究作者、发表年份等;②研究类型;③纳入人群基本特征如种族、年龄等,及患者的诊断标准,对照人群排除目标疾病的方法;④确定基因型的实验的方法:PCR-RFLP 或者 TaqMan 探针法等;⑤各组样本量、病例组和对照组(或暴露组和非暴露组)中三种基因型的数量;⑥对照组人群是否符合 Hardy-Weinberg 平衡。其中各基因型数量是后续分析的重点。在原始研究中,病例组和对照组(或暴露组和非暴露组)中三种基因型各自的数量常以表格形式给出,可以直接获取,部分需要通过简单计算获得;对于符合纳入标准但文中不能获取足够信息的研究应积极与原文作者联系获取。

(六)效应量、效应模型及遗传模型的选择

1. 效应量

遗传关联研究数据提取后以计数资料形式表示,常用的效应量有相对危险度(relative risk, RR)、比值比(odds ratio, OR)、危险度差值(risk difference, RD)。前二者为相对指标,RD 为绝对指标。RR 和 OR 的计算依权重分配方式不同可有倒方差法(Woolf's Method)、M-H 法(Mentel-Haenszel Method)及 Peto 法(Yusuf-Peto Method)。对于生存资料(time to event data)还可以选用危险比(hazard ratio, HR),这将在生存分析章节详细介绍。

RR、OR、RD:RR 为两组事件发生率的比值;OR 为两组发生机会的比值;RD 为两组发生率的差值 HR 实质为 RR 的一种特殊情况,即除考虑事件数外,还考虑到达终点事件的时间及截尾数据。其表达式分别为:

$$RR = \frac{试验组事件发生率}{对照组事件发生率}$$

$$OR = \frac{试验组事件发生数与未发生比值}{对照组事件发生数与未发生比值}$$

$$RD = 试验组事件发生率 - 对照组事件发生率$$

RR 和 *OR* 的区别：*RR* 和 *OR* 含义相近，但必须注意区分，特别注意不能把 *OR* 解释成 *RR*，但 *RR* 较 *OR* 容易理解也更易于解释。如当 *RR* = 0.85 时，提示病例组事件发生率为对照组的 85%，即暴露的因素可以减少 15% 的事件发生率；*OR* 表示的是两组发生事件机会的比值，含义较为抽象；可以这样理解：当 *OR* = 1.5 时，表示试验组每发生 1.5 次该事件，对照组将发生 1 次该事件。在两者的选择上应注意：①当事件发生概率 <5% 时，两者相差很少；②当事件发生概率 >5% 时，通常使用 *RR*，反之常使用 *OR*；③当治疗组发生事件概率大于对照组时，*OR* 会大于 *RR*，即使得治疗组效应更加明显；当治疗组事件概率小于对照组，*RR* 会大于 *OR*。所以，*RR* 及 *OR* 的选择应综合研究目的，事件发生概率等方面情况考虑。

2. 效应模型

理论上来说，对于同质研究采用固定效应模型分析，对存在异质性的研究间结果合并应使用随机效应模型分析。但事实上，不同研究间均存在不同程度的异质性，均应选用随机效应模型分析。全部研究效果方向与效应大小基本相同，亦即各独立研究的结果趋于一致性是应用固定效应模型的前提。因此，在保证临床同质性的前提下，无统计学异质性研究合并可采用固定效应模型或随机效应模型分析；而对于存在统计学异质性研究合并，常采用随机效应模型分析合并结果。事实上，当研究间不存在异质性时，固定效应模型与随机效应模型计算结果一致，当研究间存在异质性时，随机效应模型计算所得可信区间较固定效应模型为大，因此结果更为"保守"。

3. 选择合适的遗传模型进行分析

在评价基因—疾病关联时，研究者往往收集病例组和对照组中 3 种基因型的各自数量（为方便解说，以下统一采用 CC 表示野生基因型，CA 表示杂合型突变基因型，AA 表示纯合型突变基因型）。常用的分析方法有：①直接比较基因频率；②进行各种基因型的多次两两比较；③通过假设遗传模型简化成两组（例如显性模型 CA + AA vs CC、隐性模型 AA vs CA + CC、共显性模型 AA vs CA vs CC 和超显性模型 CC + AA vs CA）；④对上述模型多次比较，选用合适的遗传模型。

四、遗传关联性研究 meta 分析的注意事项

（一）检验 Hardy-Weinberg 平衡（HWE）

该平衡法则由英国数学家哈迪（Hardy）和德国生理学家温伯格（Weinberg）于 1908 年同时发表的遗传学中的平衡定律，其内容为：如果一个群体无限大，群体内的个体随机交配，没有突变发生，没有任何形式的选择压力，则群体中各种基因型的比例可以世代保持一致。假设有两个等位基因 D 和 d 在亲代群体中的概率分别为 p 和 q，则显然有 $p+q=1$；若三种对应的基因型频率 DD、Dd 及 DD 分别为 p^2、$2qp$ 及 q^2，显然也有 $p^2+2qp+q^2=1$，则可以认为此群体该位点处的基因型具有 H-W 比例；若符合 H-W 平衡定律，则子代中等位基因及基因型频率应与亲代相同。对于特定人群中某基因位点是否符合 H-W 平衡定律，可用拟合优度检验来判断，其统计量 $\chi^2 = \sum \frac{(O-E)^2}{E}$，其中 O 代表每种基因型的观察数，E 代表每种基因型的理论数，即符合哈迪-温伯格平衡定律下的观察数。当 $P>0.05$ 时，表示该群体符合哈迪-温伯格平衡定律。影响等位基因遗传平衡的因素主要包括非随机婚配、突变、人群迁移等因素。此外，必须考虑其他可能的因素：实验室基因型检测错误；选择对照组时存在选

择偏倚、存在人群分层等。因此,在汇总研究结果前必须检验 HWE。但在病例对照研究的 meta 分析中,病例组可能是有偏人群,所以 Schaid 等人建议只在对照组中检验 HWE;Attia 等人建议分别对包含和不包含不符合 HWE 的研究进行敏感性分析,检验研究结果的稳健性。相关程序 可以从互联网上下载或用 Excel 或 SAS 等统计软件自行编制 Hardy-Weinberg 遗传平衡检验程序以方便计算,当 $P>0.05$ 时,提示该群体基因遗传平衡,样本来自同一蒙德尔群体。

(二)遗传模型选择

不同的遗传模型具有不同的假设,这就需要在分析时利用现有遗传学和生物学专业知识,选用较为合理的模型进行分析,以获得更为准确合理的结果。一般的观察性研究的 meta 分析只有两组进行比较,例如病例组和对照组、或暴露组和非暴露组,在这种情况下进行 meta 分析较为简单;而遗传关联性研究中,等位基因存在多态性,至少存在三种基因型,这类问题的 meta 研究分析涉及多组数据之间比较,如果进行多次重复两两比较,将会降低统计分析的把握度,增大 I 类错误,应当使用 Bonferroni 方法对多次两两比较进行校正,调整 P 值以减小统计分析中的 I 类错误。Thakkinstian 等人推荐了一种估计遗传关联研究遗传模型的 logistic 回归方法:计算 AA vs CC(OR_1),CA vs CC(OR_2),and AA vs CA(OR_3)。按照下列规则估计遗传模型:①显性模型:if $OR_1 = OR_2 \neq 1$ and $OR_3 = 1$;②隐性模型:if $OR_1 = OR_3 \neq 1$ and $OR_2 = 1$;③超显性模型:if $OR_2 = 1/OR_3 \neq 1$ and $OR_1 = 1$;④共显性模型:if $OR_1>OR_2>1$ and $OR_1>OR_3>1$(or $OR_1<OR_2<1$, and $OR_1<OR_3<1$)。此外,近年来,不少学者主张在此类研究的 meta 分析中不指定模型而通过其他统计学方法判断基因型的效应的方法,读者可参阅相关资料。

总之,由于遗传关联性研究的特点,对此类研究进行 meta 分析十分必要;其 meta 分析具有一般 meta 分析的特点,但同时由于遗传关联性研究与随机对照试验有不同之处,导致遗传关联性研究 meta 分析与随机对照试验 meta 分析在许多方面与之有不同之处,应当把握共性,特别注意其个性,这样才能比较好地完成遗传关联性研究的 meta 分析。

第二节　循证医学软件中遗传关联性研究的 meta 分析

按 meta 分析的常规步骤进行选题、文献检索、文献评价后,提取以下几个方面的信息:①研究基本信息,如研究作者、发表年份等;②纳入人群基本特征,如种族、年龄等等;③各组样本量;④病例组和对照组(或暴露组和非暴露组)中三种基因型各自的数量;⑤对照组是否符合 Hardy-Weinberg 平衡。

同样,为方便解说,以下统一采用 CC 表示野生基因型,CA 表示杂合型突变基因型,AA 表示纯合型突变基因型。实例采用表 3-10-1 中数据。

表 3-10-1　遗传关联性研究 meta 分析的数据

研究	种族	病例			对照			HWE
		AA	CA	CC	AA	CA	CC	
1	European	3	58	21	9	75	104	Y
2	European	21	72	90	12	81	105	Y
3	European	90	421	527	65	249	355	N

研究	种族	病例			对照			HWE
		AA	CA	CC	AA	CA	CC	
4	European	24	88	87	29	209	268	Y
5	European	16	30	40	10	34	76	N
6	African	2	9	38	8	46	63	Y
7	African	2	35	82	2	33	77	Y
8	European	13	94	112	0	40	62	Y
9	African	4	14	71	4	35	84	Y
10	Asian	9	77	133	6	66	147	Y
11	Asian	11	71	154	11	85	252	Y
12	Asian	6	79	115	1	39	119	Y

排除不符合 Hardy-Weinberg 平衡的"3"、"5"研究后,先设三组比较:

- AA vs CC(OR_1)
- CA vs CC(OR_2)
- AA vs CA(OR_3)

根据①显性模型: if $OR_1 = OR_2 \neq 1$ and $OR_3 = 1$;②隐性模型: if $OR_1 = OR_3 \neq 1$ and $OR_2 = 1$;③超显性模型: if $OR_2 = 1/OR_3 \neq 1$ and $OR_1 = 1$;④共显性模型: if $OR_1 > OR_2 > 1$ and $OR_1 > OR_3 > 1$(or $OR_1 < OR_2 < 1$, and $OR_1 < OR_3 < 1$)选择相应模型。

- 显性模型:CA + AA vs CC
- 隐性模型:AA vs CA + CC
- 共显性模型:AA vs CA vs CC
- 超显性模型:CC + AA vs CA

一、Review Manager 中遗传关联性研究的 meta 分析

使用 RevMan 做遗传关联性研究的 meta 分析具体操作与普通计数资料 OR 例子的步骤无明显区别,在这不作详解,请见相关章节。

二、Stata 中遗传关联性研究的 meta 分析

使用 Stata 做遗传关联性研究的 meta 分析具体操作与普通计数资料 OR 例子的步骤无明显区别,在这不作详解,请见相关章节。

三、R 软件中遗传关联性研究的 meta 分析

使用 R 软件做遗传关联性研究的 meta 分析具体操作与普通计数资料 OR 例子的步骤无明显区别,在这不作详解,请见相关章节。

第十一章

其他的 meta 分析方法

第一节　P 值合并法

对具有相同研究目的的多个独立研究进行系统综合的 meta 分析主要有两种方法：

一、基于效应量的 meta 分析——效应量合并法

效应量是反映各个研究处理效应的量化指标。合并 P 值只能说明各研究综合后的假设检验结果是否接受 H_1，但是我们希望得到一个量化的综合结果，这就要借助基于效应量的 meta 分析。通常我们提到的 meta 分析指的是基于效应量的 meta 分析。上述的计数资料法、连续性资料法和一般倒方差法都属于效应量合并法。

二、基于检验显著性的 meta 分析——P 值合并法

1. Fisher 法　如果获得各个研究假设检验的具体 P 值，可将各 P 值合并为 χ^2 值。
$$\chi^2 = -2 \Sigma \ln(Pi), i = 1, 2, \cdots, g, v = 2g$$

2. Stouffer 法　若没有 P 值，但报告了检验统计量，如 u 值、χ^2 值、t 值、F 值，可用下式合并统计量。

$u_c = \dfrac{\sum u_i}{\sqrt{g}}$，$u_i$ 为单侧检验的 u 统计量，u_c = 对应的单侧概率为 g 个研究的合并 P 值。

若是 t 值，可先查 t 值对应的单侧概率 P，再由正态分布表得出与 P 值对应的 u 值。χ^2 值和 F 值同理。

三、Stata 中的 P 值合并法

实例数据见表 3-11-1。

表 3-11-1　各个研究的 P 值

study	p
1	0.10
2	0.05
3	0.30
4	0.01
5	0.15

1．点击菜单"Window/Data Editor"，进入 Stata 的数据编辑器，按列输入数据。其中，study 表示研究名称，p 表示 P 值。

2．输入命令：metan p（图 3-11-1）

```
--------------------------------------------------------------
Method              |  chi2          p_value       studies
--------------------|-----------------------------------------
Fisher              |  26.009161     .00372788     5
--------------------------------------------------------------
```

图 3-11-1　合并 P 值

或者，输入命令：

● db metap

在 metap 命令的菜单模式"Main"选项卡中的"Variable for p-values"选择 p（图 3-11-2）。

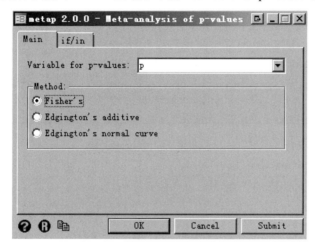

图 3-11-2　metap 命令的菜单模式

点击"OK"后，Stata 就会将菜单中的选项转换为 metap 命令执行，得到和直接输入命令的同样结果。

第二节　率值合并法

循证医学中通常使用 PICO 模式来构建临床问题，即 P（patient or problem）（有关患者人群或疾病过程的描述）、I（intervention）（考虑的治疗措施）、C（comparison）（作为比较的治疗措施）和 O（outcome）（临床预后结果）。分析二分类变量时，PICO 模式需要试验组和对照组两组的发生事件数及总人数数据，但是在分析病例系列数据时，没有对照的数据。

实例数据见表 3-11-2。

表 3-11-2　各个研究的发生事件数与总数

study	event	n
1	12	15
2	53	68
3	91	146
4	45	63
5	10	15

使用 R 软件可对率值进行合并,首先输入表格中数据。

在 R 软件中创建一个名为"rate"的表格并输入数据,在 R Console 输入命令:

● rate = data.frame()

● fix(rate)

进入 R 软件的数据编辑器,按列输入数据。其中,study 表示研究名称,event 表示发生事件数,n 表示总人数。

或者直接创建一个含有数据的"rate"表格,输入命令:

● rate = data.frame(study = c("1", "2", "3", "4", "5"), event = c(12, 53, 91, 45, 10), n = c(15, 68, 146, 63, 15))

一、metafor 包

使用 metafor 包中 rma.uni 命令可对率值进行合并,命令如下(图 3-11-3):

● library("metafor")

● metarate = rma.uni(xi = event, ni = n, data = rate, measure = "PR", method = "FE", slab = study)

● metarate

```
Fixed-Effects Model (k = 5)

Test for Heterogeneity:
Q(df = 4) = 7.2137, p-val = 0.1250

Model Results:

estimate      se     zval      pval    ci.lb    ci.ub
  0.6968   0.0259  26.8722    <.0001   0.6460   0.7476        ***

---
Signif. codes:  0 '***' 0.001 '**' 0.01 '*' 0.05 '.' 0.1 ' ' 1
```

图 3-11-3　metafor 包率值合并结果

● forest(metarate)(图 3-11-4)

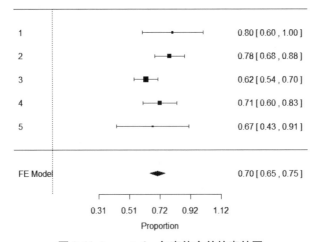

图 3-11-4　metafor 包率值合并的森林图

- funnel（metarate）（图 3-11-5）

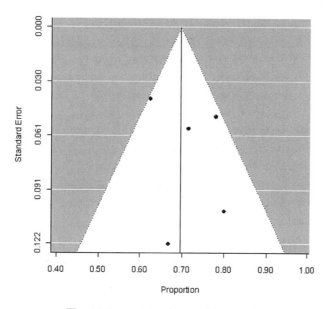

图 3-11-5　metafor 包率值合并的漏斗图

二、meta 包

使用 meta 包中 metaprop 命令可对率值进行合并，命令如下（图 3-11-6）：

- library（"meta"）
- metarate = metaprop（event, n, studlab = study, sm = "PRAW", data = rate）
- metarate

```
  proportion              95%-CI  %W(fixed)  %W(random)
1    0.8000    [0.5191; 0.9567]       6.30       10.71
2    0.7794    [0.6624; 0.8710]      26.59       26.29
3    0.6233    [0.5394; 0.7021]      41.81       31.46
4    0.7143    [0.5865; 0.8211]      20.76       23.32
5    0.6667    [0.3838; 0.8818]       4.54        8.22

Number of trials combined: 5


                      proportion            95%-CI   z  p.value
Fixed effect model        0.6968  [0.6460; 0.7476]  NA       --
Random effects model      0.7080  [0.6329; 0.7832]  NA       --

Quantifying heterogeneity:
tau^2 = 0.0031; H = 1.34 [1; 2.22]; I^2 = 44.5% [0%; 79.7%]

Test of heterogeneity:
   Q d.f.  p.value
 7.21    4    0.125

Method: Inverse variance method (Untransformed proportions)
```

图 3-11-6　meta 包率值合并结果

● forest（metarate）（图 3-11-7）

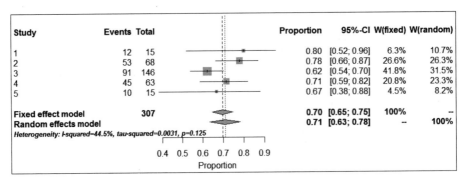

图 3-11-7　meta 包率值合并的森林图

● funnel（metarate）（图 3-11-8）

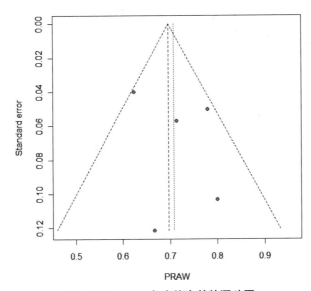

图 3-11-8　meta 包率值合并的漏斗图

三、rmeta 包

无相关命令。

第三节　累积 meta 分析

一、基本概念

累积 meta 分析是把研究作为一个连续的整体，将各个纳入的研究按一定的次序（如研究发表时间、样本量大小、研究质量评分、研究效应量等），序贯地加在一个研究上，进行多次的 meta 分析。例如通过累积已发表但尚存疑问的某种疗法的随机临床试验，序列地给予进一步分析，并把最新的随机对照试验增加到先前试验的累积结果中，及时地进行新的

meta 分析的过程,从而可以有助于做出临床疗效 / 损害的判断及制定临床治疗方法的指南推荐等。

值得注意地是,与其他 meta 分析一样,累积 meta 分析易受到各种来源的偏倚如选择偏倚、实施偏倚、退出偏倚、测量偏倚等影响结果,会影响对总体效应趋势的判定;另外还有一些方法学问题值得进一步讨论如关于调整 P 值,但随着累积 meta 分析不断广泛地用于医学研究领域,其方法也将不断发展。

二、累积 meta 分析方法

与传统的 meta 分析过程相同,主要步骤有:

1. 提出问题,明确研究目的。
2. 检索、查找、收集相关研究资料。
3. 确定纳入和排除标准。
4. 研究资料数据的提取。
5. 各研究的质量评估。
6. 确定研究效应的测量指标。
7. 研究结果排列次序。
8. 确定统计学方法,进行统计分析。
9. 结果及解释。

三、循证医学软件中的累积 meta 分析

在 Stata、R 等软件均可以轻松地实现累积 meta 分析。可以根据数据类型、累积次序,可以选择 Stata 中的"metacum"命令、R 软件 meta 包中的"metacum()"函数、metafor 包中的"cumul()"函数,进行相应的累积 meta 分析。

我们以 Ross Harris 2006 的数据为例(可以从 http://fmwww.bc.edu/repec/bocode/m/metan_example_data)下载,为了方便的说明问题,整理如表 3-11-3。

表 3-11-3　20 个研究的具体数据

id	year	tdeath	tnodeath	ttotal	cdeath	cnodeath	ctotal	tmean	tsd	cmean	csd
AHS 60-80	1984	50	60	110	64	47	111	2.539 71	3.595 857	1.635 288	2.505 44
Ohno	1988	62	42	104	55	48	103	1.570 55	2.662 966	1.794 387	3.084 392
CA, USA 81-85	1992	26	30	56	25	32	57	2.240 286	2.758 928	2.218 864	2.871 341
Walker	1992	38	32	70	36	35	71	2.122 638	2.511 603	2.309 591	3.105 463
Ghadirian	1996	28	25	53	24	29	53	1.803 989	2.414 326	1.853 245	2.320 258
Ewings	1996	68	35	103	61	39	100	1.421 949	2.343 505	2.083 839	2.843 08
Hayes	1996	40	30	70	27	44	71	1.852 949	2.567 994	1.362 456	2.263 749
SWE 71-75	1997	6	7	13	7	7	14	1.770 651	4.656 986	2.253 66	2.075 081
Hartman	1998	37	45	82	46	36	82	2.531 685	3.265 823	1.761 237	2.131 272
AHS	1998	76	105	181	101	80	181	1.640 59	2.153 118	2.789 855	2.277 122
Lee	1998	12	9	21	10	11	21	3.197 994	2.314 145	1.732 061	3.173 293

id	year	tdeath	tnodeath	ttotal	cdeath	cnodeath	ctotal	tmean	tsd	cmean	csd
Hsieh	1999	39	19	58	24	31	55	2.390 586	2.675 766	2.259 823	2.724 342
ATBC	2001	21	25	46	20	27	47	2.154 763	3.091 333	2.114 428	3.355 605
CARET	2003	69	73	142	63	81	144	2.005 984	2.733 911	1.252 714	2.543 962
Lifespan study	2004	54	84	138	63	73	136	2.165 345	3.814 463	1.870 448	2.556 972
Joseph	2004	22	21	43	18	26	44	1.324 313	4.538 456	2.614 624	3.180 836
Friedenreich	2004	68	54	122	63	59	122	2.055 173	2.069 244	2.006 453	2.036 935
Allen	2004	27	21	48	19	31	50	1.886 089	2.794 473	1.621 808	2.145 581
Weinstein	2005	43	61	104	40	66	106	2.231 511	2.005 253	1.720 219	4.207 645
King	2005	23	27	50	21	29	50	2.180 561	2.972 779	2.147 236	3.165 724

(一) Stata 在累积 meta 分析的应用

Stata 进行 meta 分析的命令是"metacum",它最初由 Sterne 编写,于 1998 年发布,在 2008 年由 Harris 更新,新旧版本的引擎不同,旧版本命令是通过反复引用"meta"命令执行累积 meta 分析,采用 stata7 绘图法给出图示结果;新版本命令则是以"metan"命令为引擎,采用 stata9 绘图法给出图示结果,因此要安装相应的"meta"或"metan"命令,才能正确使用"metacum"命令。

新老版本的命令行格式为:metacum 变量,[选择项]

Harris 版"metacum"命令可以合并二分类及连续数据,可以后跟二变量、三变量、四变量或六变量。

● 二分类数据以 2×2 四格表形式表示,命令后跟四变量。指定试验组发生事件(如死亡)和未发生事件(如未死亡)人数,接着是对照组发生事件(如死亡)和未发生事件(如未死亡)人数。

● 对连续型数据的合并,可后跟六变量,分别是治疗组的样本量、观察指标的均数、标准差,对照组的样本量、观察指标的均数、标准差。

● 还可以后跟二或三变量等其他效应量,如:效应量(如 logrr、logor 等)及其相应标准误;效应量及其相应方差;*OR* 或 *RR* 及其可信区间的下限、上限。

其选择项与"metan"命令的选择项基本相同,结果输出选择项中重要而常用的主要有:lable([namevar=namever][, yearvar=yeravar])用于指定每个研究的标签等;eform:当变量为 *OR* 或 *HR* 的对数及对数标准误时,将效应量取幂返回 *OR* 或 *HR*;sortby(varlist):按变量 varlist 为次序进行累积 meta 分析。

1. 数据输入 点击菜单"Window/Data Editor",进入 Stata 的数据编辑器,按 Stata 要求输入数据,如图 3-11-9 所示,并将其命令为"metacumdata.dta",置于 C 盘根目录下。

2. 二分类数据累积 meta 分析 选择随机效应模型,以 *OR* 为效应量、发表年限为次序,采用命令行操作,命令如下(图 3-11-10、图 3-11-11):

● metacum tdeath tnodeath cdeath cnodeath, label(namevar=id, yearvar=year)sortby(year)randomi or

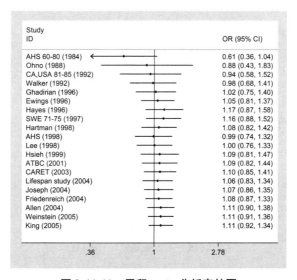

图 3-11-9　Stata 数据输入

```
            Study    |     ES      [95% Conf. Interval]
-------------------------+-----------------------------------------------------
    AHS 60-80 (1984)  |    0.612      0.360       1.041
         Ohno (1988)  |    0.885      0.427       1.835
CA,USA 81-85 (1992)   |    0.937      0.577       1.524
       Walker (1992)  |    0.977      0.678       1.408
    Ghadirian (1996)  |    1.021      0.745       1.400
       Ewings (1996)  |    1.055      0.812       1.370
        Hayes (1996)  |    1.171      0.871       1.575
    SWE 71-75 (1997)  |    1.156      0.877       1.524
      Hartman (1998)  |    1.077      0.817       1.422
          AHS (1998)  |    0.988      0.738       1.324
          Lee (1998)  |    1.003      0.758       1.327
        Hsieh (1999)  |    1.091      0.809       1.472
         ATBC (2001)  |    1.090      0.824       1.442
        CARET (2003)  |    1.097      0.852       1.413
 Lifespan study (2004 |    1.058      0.835       1.340
       Joseph (2004)  |    1.075      0.855       1.350
 Friedenreich (2004)  |    1.078      0.873       1.332
        Allen (2004)  |    1.113      0.901       1.375
    Weinstein (2005)  |    1.112      0.912       1.357
         King (2005)  |    1.112      0.919       1.345
-------------------------+-----------------------------------------------------
Note: random effects weighting used for pooled estimates
```

图 3-11-10　累积 meta 分析数字化结果

```
Study
ID                                          OR (95% CI)

AHS 60-80 (1984)                            0.61 (0.36, 1.04)
Ohno (1988)                                 0.88 (0.43, 1.83)
CA,USA 81-85 (1992)                         0.94 (0.58, 1.52)
Walker (1992)                               0.98 (0.68, 1.41)
Ghadirian (1996)                            1.02 (0.75, 1.40)
Ewings (1996)                               1.05 (0.81, 1.37)
Hayes (1996)                                1.17 (0.87, 1.58)
SWE 71-75 (1997)                            1.16 (0.88, 1.52)
Hartman (1998)                              1.08 (0.82, 1.42)
AHS (1998)                                  0.99 (0.74, 1.32)
Lee (1998)                                  1.00 (0.76, 1.33)
Hsieh (1999)                                1.09 (0.81, 1.47)
ATBC (2001)                                 1.09 (0.82, 1.44)
CARET (2003)                                1.10 (0.85, 1.41)
Lifespan study (2004)                       1.06 (0.83, 1.34)
Joseph (2004)                               1.07 (0.86, 1.35)
Friedenreich (2004)                         1.08 (0.87, 1.33)
Allen (2004)                                1.11 (0.90, 1.38)
Weinstein (2005)                            1.11 (0.91, 1.36)
King (2005)                                 1.11 (0.92, 1.34)

        .36              1            2.78
```

图 3-11-11　累积 meta 分析森林图

3. 连续型数据累积 meta 分析　选择随机效应模型，以 *SMD* 为效应量、发表年限为次序，采用窗口操作，过程如下：

● db metacum

在 metacum 命令的菜单模式中选择

（1）Main：在"Type of Data"中选择"Continous"；在"Var for Exp.Group"和"Var for Control Group"下拉框中，分别将治疗组和对照组的样本量、均数、标准差依次选入；在"Lbaels for Data"中"Name"和"Year"下拉框中，依次选入"id"和"year"；在"Sort Data"中的"By"下拉框中选择"year"（图 3-11-12）。

（2）Continous：在"Pooling Model"中选择"Radom（I-V heterogeneity）"；在"Statistic"中选择"Cohen"（图 3-11-13）。

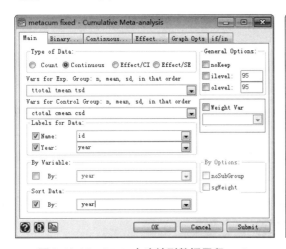

图 3-11-12　Stata 中连续型数据累积 meta
分析的 Main 选项卡

图 3-11-13　Stata 中累积 meta 分析的
Continous…选项卡

点击"OK"后，Stata 就会将菜单中的选项转换为 metan 命令执行，得结果如图 3-11-14、图 3-11-15 所示。

```
              Study    |     ES     [95% Conf. Interval]
       ---------------+---------------------------------
       AHS 60-80 (1984) |    0.292     0.027     0.557
       Ohno (1988)      |    0.109    -0.254     0.471
       CA,USA 81-85 (1992)|  0.083    -0.157     0.322
       Walker (1992)    |    0.051    -0.137     0.239
       Ghadirian (1996) |    0.044    -0.109     0.197
       Ewings (1996)    |   -0.017    -0.181     0.146
       Hayes (1996)     |    0.012    -0.139     0.163
       SWE 71-75 (1997) |    0.007    -0.133     0.148
       Hartman (1998)   |    0.041    -0.098     0.179
       AHS (1998)       |   -0.032    -0.227     0.164
       Lee (1998)       |    0.000    -0.194     0.195
       Hsieh (1999)     |    0.003    -0.177     0.183
       ATBC (2001)      |    0.003    -0.165     0.170
       CARET (2003)     |    0.028    -0.135     0.192
       Lifespan study (2004|  0.032   -0.117     0.181
       Joseph (2004)    |    0.013    -0.133     0.158
       Friedenreich (2004)|  0.013    -0.121     0.147
       Allen (2004)     |    0.017    -0.111     0.146
       Weinstein (2005) |    0.025    -0.096     0.147
       King (2005)      |    0.025    -0.092     0.141
       ---------------+---------------------------------
       Note: random effects weighting used for pooled estimates
```

图 3-11-14　Stata 中累积 meta 分析数字化结果

4. 效应量的累积 meta 分析（图 3-11-16）　选择随机效应模型，以 OR 对数为效应量、发表年限为次序，在森林图结果返回 OR，命令行操作命令如下：

- gen logor ＝ ln（（tdeath*cnodeath）/（tnodeath*cdeath））
- gen selogor ＝ sqrt（（1/tdeath）＋（1/tnodeath）＋（1/cdeath）＋（1/cnodeath））
- metacum logor selogor, label（namevar＝id, yearvar＝year）sortby（year）randomi eform

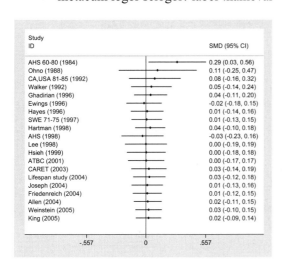

图 3-11-15　Stata 中累积 meta 分析森林图

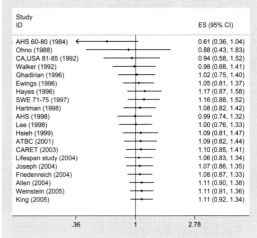

图 3-11-16　Stata 中累积 meta 分析森林图

（二）R 软件在 meta 分析的应用

选择随机效应模型，以 OR 对数为效应量、发表年限为次序，分别以 meta 包和 metafor 包来进行累积 meta 分析。

1. meta 包（图 3-11-17、图 3-11-18）

- library（meta）

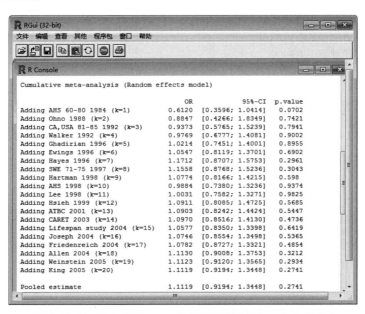

图 3-11-17　R 中累积 meta 分析数据化结果（meta 包产生）

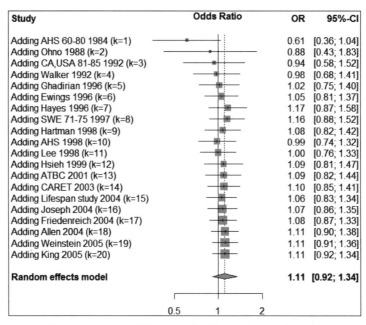

图 3-11-18　R 中累积 meta 分析森林图（meta 包产生）

- library（foreign）
- mydata<-read.dta（"c:/metacumdata.dta"）
- mymeta1 <- metabin（tdeath，ttotal，cdeath，ctotal，data＝mydata，studlab＝paste（id，year），comb.random＝TRUE，sm＝"OR"，method＝"Inverse"）
- metacum（mymeta1，pooled＝"random"）
- forest（metacum（mymeta1，pooled＝"random"））

2. metafor 包（图 3-11-19）

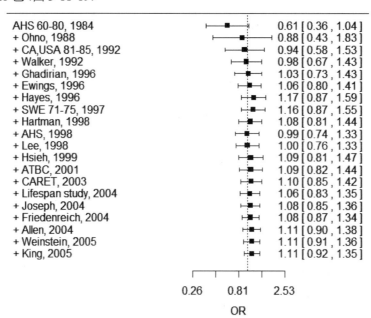

图 3-11-19　R 中累积 meta 分析森林图（metafor 包产生）

- library（metafor）
- library（foreign）
- mydata<-read.dta（"c:/metacumdata.dta"）
- mynewdata<-escalc（measure = "OR", ai = tdeath, bi = tnodeath, ci = cdeath, di = cnodeath, data = mydata, append = TRUE）
- mymeta2<- rma（yi, vi, data = mynewdata, method = "REML", slab = paste（id, year, sep = ", "））
- metacum<-cumul（mymeta2, order = order（mynewdata$year））
- forest（metacum, xlim = c（-6, 3）, atransf = exp, xlab = "OR"）

第四节　贝叶斯 meta 分析

一、基本概念

（一）贝叶斯 meta 分析

贝叶斯统计与经典统计学派（频率学派）是当今世界两大主要统计学派，贝叶斯统计是综合未知参数的先验信息与样本信息，依据贝叶斯定理，求出后验分布，根据后验分布推断未知参数的统计方法。

贝叶斯 meta 分析是贝叶斯方法在医学领域内的具体应用，将贝叶斯思想应用从单个研究扩展到多个研究，它将每一个在分层结构中的试验视为一个单元，假设试验是交换的，每一个试验的"真正"治疗效应是服从某一总体分布的随机变量，这与经典的随机效应模型是相同的。不同的是经典的随机效应模型聚焦于估计总的合并效应，而完全贝叶斯方法聚焦于试验特有效应。贝叶斯 meta 分析也需要为平均效应、研究间和研究内方差指定先验分布。

（二）先验分布与后验分布

贝叶斯统计中的两个基本概念是先验分布和后验分布。

先验分布：贝叶斯方法将一个总体分布的未知分布参数 θ 看作一个随机变量，其分布函数为 $F\pi(\theta)$，该函数总结了在进行试验之前对 θ 的所有认识，称为先验分布。在应用贝叶斯方法处理任何统计问题时，不但要利用试验现场所获得的样本信息，还必须要利用先验信息，而这种先验信息正是通过先验分布来描述的，先验分布是在进行统计推断时不可缺少的一个要素。贝叶斯学派很重视先验信息的收集、挖掘和加工，使它数量化，形成先验分布，同时认为先验分布不必有客观的依据，可以部分地或完全地基于主观信念。

后验分布：根据样本分布和未知参数的先验分布，用概率论中求条件概率分布的方法，求出的在样本已知下未知参数的条件分布。因为这个分布是在抽样以后才得到的，故称为后验分布。

（三）完全贝叶斯与经验贝叶斯方法

基于总体信息、样本信息和先验信息等三种信息进行的推断被称为贝叶斯推断，贝叶斯推断方法的关键是任何推断都必须且只须根据后验分布，而不能再涉及样本分布，这种贝叶斯方法有时称为完全贝叶斯；而一些贝叶斯方法是从数据中估计先验分布的某一超参数，而不是将主观观点或外部证据纳入分析中，称为经验贝叶斯方法。

二、贝叶斯 meta 分析方法

1. 提出问题,明确研究目的。
2. 检索、查找、收集相关研究资料。
3. 确定纳入和排除标准。
4. 研究资料数据的提取。
5. 各研究的质量评估。
6. 确定研究效应的测量指标。
7. 建模,数据输入,进行统计分析。
8. 结果及解释。

三、循证医学软件中的贝叶斯 meta 分析

众多软件如 SAS、R、WinBUGS 等提供了贝叶斯分析功能。相对于 SAS 高昂的使用年租费用 WinBUGS 则是免费的贝叶斯分析软件;相对于 SAS 和 R 要求使用者具有一定的编程能力和分析时进行一定程度的编程,WinBUGS 则不需要复杂的编程。因此本章节重点介绍 WinBUGS 软件的使用;此外,Stata 软件中的“meta”包也可用来进行经验性贝叶斯 meta 分析。

（一）WinBUGS 软件入门

WinBUGS 软件由 MRC Biostatistics Unit 和 Imperial College School of Medicine 共同开发,目前稳定的是较为稳定的 WinBUGS1.43 版本,可惜的是目前它不再提供更新。

WinBUGS 软件可方便地对许多常用或复杂模型(如分层模型,交叉设计模型、空间和时间作为随机效应的一般线性混合模型,潜变量模型,脆弱模型,应变量的测量误差,协变量,截尾数据,限制性估计,缺失值问题)和分布进行 Gibbs 抽样,还可用简单的有向图模型(directed graphical model)进行直观的描述,并给出参数的 Gibbs 抽样动态图,用 Smoothing 方法得到后验分布的核密度估计图、抽样值的自相关图及均数和置信区间的变化图等,使抽样结果更直观、可靠 Gibbs 抽样收敛后,可很方便地得到参数后验分布的均数、标准差、95% 置信区间和中位数等信息。

1. 下载安装与注册 本软件可从 http://www.mrc-bsu.cam.ac.uk/bugs/winbugs/ WinBUGS14.exe,下载后双击 WinBUGS14.exe,按照对话框指示一步步安装。安装完成后,下载 http://www.mrc-bsu.cam.ac.uk/bugs/winbugs/WinBUGS14_cumulative_patch_No3_06_08_07_ RELEASE.txt,按照说明升级到 1.43 版本;同时需要到 http://www.mrc-bsu.cam.ac.uk/bugs/ winbugs/register.shtml 网站一步步按照说明免费注册后,才能使用该软件的全部功能。

2. 数据输入 数据可以通过 R、S-PLUS 和矩阵格式两种格式输入,不论何种方式,数据的维度层次必须由用户指定,数据可以文本格式文件存储,缺失数据以“NA”表示。

3. 模型说明 想要估计后验分布,必须使 WinBUGS 明确使用何种先验分布和似然分布,下面介绍几种常用的分布,请注意,所有的分布都是以字母“d”开头,以表示“分布(distribution)”。

● 正态分布(normal distribution):又称为高斯分布(gaussian distribution),具有中位数等于均值的性质,就是人们熟悉的钟形形状,在 WinBUGS 中是按照参数均数 μ 和精度 τ 而不是按均数 μ 和标准差 σ 来指定正态公布,如 dnorm(μ, τ)。

● 二项分布:dbin(p, n) 是指每次试验成功概率为 p 的 n 次独立重复贝努利实验的二

项分布（binomial distribution）。伯努利试验指的是单次事件，而且这次事件的结果是两个可能性结果中的一个："成功"或"失败"，如，用某种方法治疗患某种疾病的患者100名，按照定义，成功的可能性有0.5，成功的人数按dbin（0.5，100）分布。

● 贝塔分布（beta distribution）：适用于取值在0到1之间的未知量，如成功率。它在实际应用中取值在两个有限数a和b之间的随机变量，记为dbeta（a，b）。

● 伽马分布（gamma distribution）：是统计学的一种连续概率函数，适用于取值在0到∞之间的未知量，如一未知量的精度 τ。

（二）WinBUGS软件在贝叶斯meta分析的应用

1.随机效应模型贝叶斯meta分析　以表3-11-4中study2-study5的数据为例，介绍WinBUGS软件实现随机效应模型贝叶斯meta分析的过程。

表3-11-4　纳入meta分析的各项研究的主要信息

study	drugA		drugB		drugC	
	events	total	events	total	events	total
1	1021	17 519	939	17 636		/
2	1331	9877		/	1693	9914
3	992	9388		/	1348	9385
4	1076	5837		/	1301	5870
5	160	1646		/	195	1649

（1）建模、数据输入、设定初始值（图3-11-20）：启动WinBUGS软件，从"File"菜单中找到"New"选项，打开对话框，建模、输入数据和初始值（或先在某文本文件中编辑好，直接拷贝到新打开的对话框中），请注意，初始值只是模拟的，并不需要一定要与我们实际期望的参数值很接近，有时候我们真正关心的不是初始值。

（2）检验模型、数据载入、编译模型、引入初始值：从"Model"菜单中找到"Specification"选项，打开"Secification Tool"窗口，将光标放在模型语句的任一处，点"check model"按钮，如果模型没有错误，则"load data"和"compile"按钮则会浮现；同时状态栏左下角会提示"model is syntactically correct"。

在"num of chains"选择要模拟链的个数，默认为1。选中原始数据标识语"list"变为高亮"list"，然后在"Specification

图3-11-20　WinBUGS建模、数据输入操作界面

Tool"窗口点击"load data"，如果数据无误，则在状态栏左下角提示"data loaded"。

点击"Specification Tool"窗口中的"compile"按钮，如果无误，则在状态栏左下角显示"model compiled"。

将初始值数据标识语"list"变为高亮"list"，点击"Specification Tool"窗口中的"load inits"按钮，如果无误，则在状态栏左下角显示"model is initialized"，如图 3-11-21 所示。

（3）变量监控、模拟抽样：从"Inference"菜单中找到"Samples"选项，打开"Sample Monitor Tool"窗口，在 beg 处输入 5001 表示前 5000 次退火以消除初始值的影响，从 5001 次后开始取抽样；在"nood"处依次输入 tau、or 等参数，每输入一个参数，则需要按一次"set"，输入完毕后关闭此窗口，如图 3-11-22 所示。

从"Model"菜单中找到"Update"

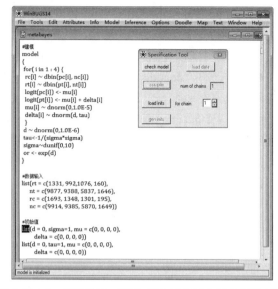

图 3-11-21 模型检验、编译，引入数据及初始值操作界面

选项，打开"Update Tool"窗口，在"updates"处输入"55000"表示经 55000 次迭代，然后点击"update"按钮，结束后如图 3-11-23。

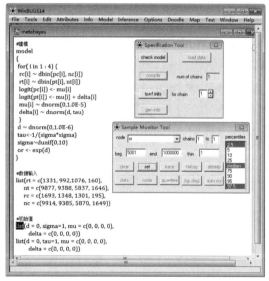

图 3-11-22 变量监控操作界面

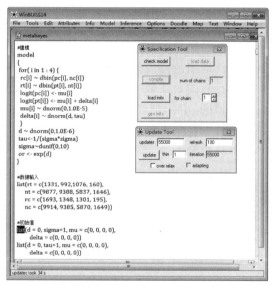

图 3-11-23 模拟抽样操作界面

（4）判断模型收敛性、查看主要参数统计结果：从"Inference"菜单中找到"Samples"选项，打开"Sample Monitor Tool"窗口，在"nood"处输入"*"代表前面步骤中输入的各种参数（图 3-11-24）。

分别点击"trace（迭代轨迹）"、"history（迭代历史）"、"auto corr（自相关函数）"等按钮，如果迭代轨迹、迭代历史基本趋于稳定，自相关函数很快接近于 0，可认为迭代过程已经收敛。

点击"stats（统计量）"按钮，则可获得主要参数的统计结果（图 3-11-25）。

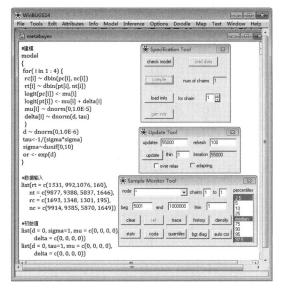

图 3-11-24　查看主要统计参数界面

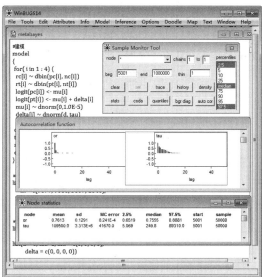

图 3-11-25　随机效应模型贝叶斯 meta 分析结果

如果进行固定效应模型贝叶斯 meta 分析，其建模、数据输入、设定初始值，模型检验和运行，结果如图 3-11-26。

drugA vs drugC，以 *OR* 及其 95%*CI* 为指标，固定效应和随机效应模型的贝叶斯 meta 分析结果分别是为：0.753（0.718，0.789）和 0.761（0.652，0.888）。

2. 网络贝叶斯 meta 分析　如果我们要从表 3-11-4 得到 drugB 和 drugC 间接比较的结果，可以采用网络贝叶斯 meta 分析。

建模、数据输入，检验模型、数据载入、编译模型，变量监控、模拟抽样等过程同上，这里我们不设置初始值，点击"Specification Tool"窗口中的"gen inits"按钮令软件自动设置，以 drugA 为参照药物，结果如图 3-11-27。

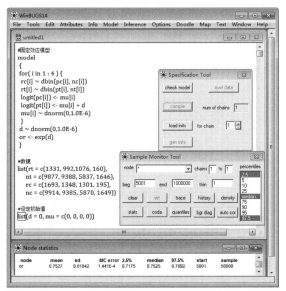

图 3-11-26　固定效应模型贝叶斯 meta 分析结果

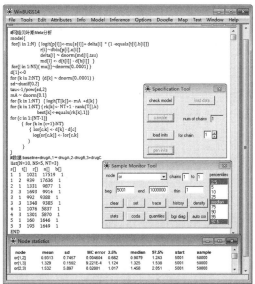

图 3-11-27　网络贝叶斯 meta 分析结果

请注意，该模型是 drugA 作为参比药物，drugB vs drugA 的 *OR* 及 95%*CI* 为 0.931（0.662，1.243）、drugC vs drugA 的 *OR* 及 95%*CI* 为 1.329（1.214，1.538）；而我们所要得到的 drugC vs drugB 的 *OR* 及 95%*CI* 为 1.532（1.017，2.051）。

（三）Stata 软件在贝叶斯 meta 分析的应用

以表 3-11-4 中 study2-study5 的数据为例，启动 Stata 软件，点击菜单"Window/Data Editor"，进入数据编辑器，按其格式输入数据，如图 3-11-28 所示，采用 Stata 软件中"meta"包进行经验性贝叶斯 meta 分析。

	study	aevents	atotal	cevents	ctotal
1	study2	1331	9877	1693	9914
2	study3	992	9388	1348	9385
3	study4	1076	5837	1301	5870
4	study5	160	1646	195	1649

图 3-11-28　Stata 软件数据管理器

1. 命令行操作（图 3-11-29、图 3-11-30）

● gen anoevents = atotal-aevents

● gen cnoevents = ctotal-cevents

● gen logor = ln（（aevents*cnoevents）/（anoevents*cevents））

● gen selogor = sqrt（（1/aevents）+（1/anoevents）+（1/cevents）+（1/cnoevents））

● meta logor selogor，id（study）graph（e）eform ebayes cline xline（1）

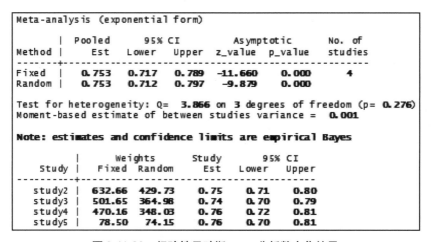

图 3-11-29　经验性贝叶斯 meta 分析数字化结果

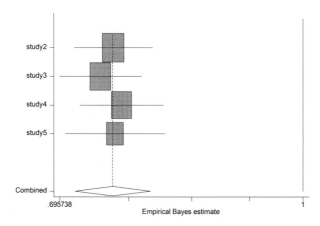

图 3-11-30　经验性贝叶斯 meta 分析森林图

2．窗口操作

● db meta

在 meta 命令的菜单模式中选择

（1）Main（图 3-11-31）：在"Type of Data"中选择"Theta，SE"后，在"Vars for theta，se（theta），in that order"选择"logor selogor"；在"ID Variable"中选择"study"；并依次选择"Use exp（theta）"、"CI Level"为"95"、"Generate Empirical Bays Variables"。

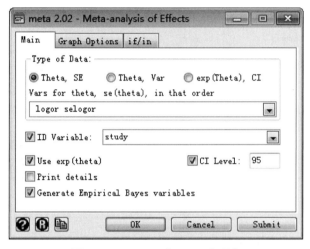

图 3-11-31　meta 包 Main 选项卡

（2）Graph Options（图 3-11-32）：在"Graph Estimates"中选择"Emp.Bayes"，并选择"Draw Estimate Line"。

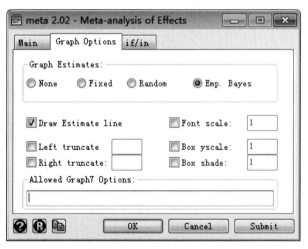

图 3-11-32　meta 包 Graph Options 选项卡

点击"OK"会得到如图的数字化结果和森林图结果（图 3-11-33）。

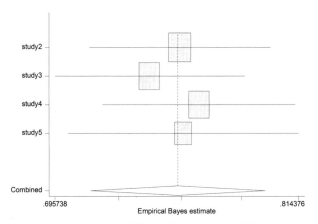

图 3-11-33 经验性贝叶斯 meta 分析森林图

以 drugA vs drugC 为例,各种贝叶斯 meta 分析的结果(随机效应模型)总结见表 3-11-5。

表 3-11-5 各种贝叶斯 meta 分析的结果比较(随机效应模型)

比较药物	直接比较(*OR* 及 95%*CI*)		间接比较(*OR* 及 95%*CI*)
	完全贝叶斯(WinBUGS)	经验性贝叶斯(Stata)	网络贝叶斯(WinBUGS)
drugA vs drugC	0.761(0.652,0.888)	0.753(0.712,0.797)	0.752(0.650,0.890)

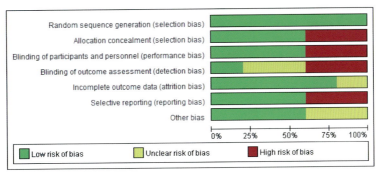

彩图 2-5-4　Cochrane 偏倚风险百分图

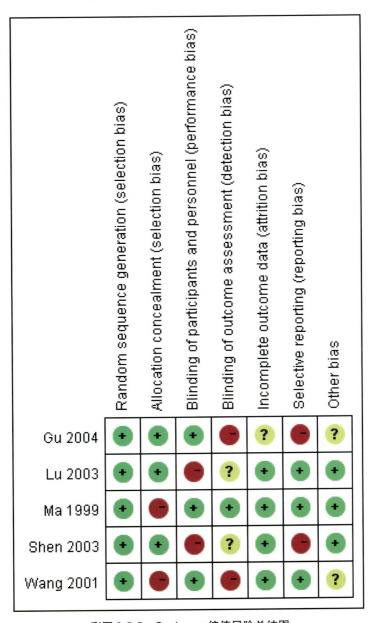

彩图 2-5-5　Cochrane 偏倚风险总结图